Sonja von Eisenstein

...wenn die Seele Märchen erzählt

Sonja von Eisenstein

...wenn die Seele Märchen erzählt

ch. falk-verlag

Illustriert von
Gabriele Gries-Huffener

Originalausgabe
© ch. falk verlag, September 1993

2. Auflage, Januar 2005

Umschlaggestaltung: Gabriele Gries-Huffener

Satz: Plejaden Verlag, Boltersen
Lithographische Arbeiten: Graphics Production
Gerhard H. Pazdera, München
Druck: F. Steinmeier, Nördlingen

Printed in Germany
ISBN 3-924161-71-2

INHALT

MUTTER LÖWIN

Es war einmal ein König, der mit allen Mitteln die Wahrheit verteidigte. Jeder, der in seinem Reich nicht die Wahrheit sagte, mußte in den Kerker. In diesem Lande lebte eine junge Witwe mit ihrem Kind, die draußen auf dem Feld hart arbeiten mußte, um für sich und ihr Kind das Brot zu verdienen. Das Kind hieß Mira und hatte das Gesicht einer Kröte und traurige, hervorstehende Augen. Es war so häßlich, daß sich die Leute entsetzt von ihm abwandten und es mieden wie die Pest. Nur die Mutter liebte es über alle Maßen und war gut zu ihm. Doch so sanft und liebevoll sie mit ihrem Kind umging, so wild und zornig konnte sie werden, wenn man es seiner Häßlichkeit wegen verspottete. Dann funkelten ihre schwarzen Augen wie lodernde Flammen, und sie verteidigte ihr Kind wie eine Löwin. Daher gaben ihr die Leute den Namen *Mutter Löwin*. Jeden Abend, wenn Mutter Löwin ihr häßliches, kleines Kind zu Bett brachte, sang sie ihm ein Lied vor, das ihm ein glückliches Herz schenken sollte, damit es frohe Träume durch die Nacht geleiten:

"Der Schwan ist auferstanden,
der Schwan, er ist entdeckt.

Er hielt in fernen Landen
dem Aug' sich lang versteckt.
Es fragen sich die Leute, wo er so lange war.

Es glänzt ihm hier und heute
sein Kleid so rein und klar.
Der Schwan ist auferstanden,
der Schwan, er ist entdeckt.
Er hielt in fernen Landen
dem Aug' sich lang versteckt.

Er schwimmet auf den Wellen
und weiß allein wohin,
er kann das Herz erhellen,
kann zu den Göttern ziehn.
Der Schwan ist auferstanden,
der Schwan, er ist entdeckt.
Er hielt in fernen Landen
dem Aug' sich lang versteckt."

Am Morgen nahm Mutter Löwin Mira mit hinaus auf
das Feld und ließ sie draußen im Gras unter einem Baum sitzen. Dort saß Mira dann ganz allein und spielte mit Blumen,
Käfern und Schmetterlingen. Denn die anderen Kinder, die
von ihren Müttern mitgenommen wurden, die wollten mit
Mira nichts zu tun haben. Eines Tages, als die Feldarbeiterinnen unter dem Schatten der Bäume zur Mittagszeit zusam-
mensaßen, fragte Mira: "Mutti, alle sagen, daß ich so häßlich bin, daß man mich gar nicht ansehen kann. Ist das
wirklich wahr?" Mutter Löwin lächelte. "Nein, mein Herz",

antwortete sie und drückte ihr Kind tröstend an sich. "Du bist das liebste, beste und schönste Kind unter der Sonne."

Als die Feldarbeiterinnen das hörten, waren sie alle empört. Die Vorarbeiterin sprang auf und schrie: "Ihr seid alle Zeugen, die Löwin hat das Gebot des Königs übertreten. Sie hat das häßlichste Kind unter der Sonne und nennt es das schönste. Sie ist eine Lügnerin." "Jawohl", riefen die anderen Frauen, "wir werden diese Lüge dem König melden." Mutter Löwin drückte ihr Kind tröstend an sich, "Glaube deiner Mutter, Mira, sie alle lügen dich an. Du bist das liebste, beste und schönste Kind unter der Sonne. Und ich würde tausend Eide darauf schwören, vor tausend Königen und allen Göttern."

Als die Feldarbeiterinnen das hörten, wurden sie erst recht zornig und drohten Mutter und Mira Prügel an. So schnell sie konnte, nahm Mutter Löwin ihr Kind auf den Arm und rannte mit ihm nach Hause. Sie beruhigte ihr weinendes Kind und summte es leise in den Schlaf. Der Nachmittag verging und die Nacht verging, ohne daß etwas geschah. Am Morgen aber, als die Sonne blutrot über den Bergen aufging, kamen die Soldaten des Königs, um Mutter und Kind in den Palast zu bringen.

Der König saß in seinem purpurnen Mantel mit gestrenger Miene auf seinem Thron. Als er das häßliche Kind erblickte, verzog sich sein Gesicht voll Abscheu und er richtete seinen Blick auf Mutter Löwin. "Du weißt, daß in meinem Land jede Lüge strengstens bestraft wird. Du sollst gesagt haben, daß dein Kind das liebste, beste und schönste Kind unter der Sonne ist. Stimmt das?"

"Ja, mein König. Und ich sage es auch Euch noch einmal. Mein Kind ist das liebste, beste und schönste Kind unter der Sonne."

Da sprang der König auf und schrie: "Lügnerin! Dein Kind ist doch so häßlich, daß man es gar nicht ansehen kann."

Als die kleine Mira das hörte, begann sie bitterlich zu weinen. Mutter Löwin hob sie hoch, küßte sie und sagte laut, mit funkelnden Augen und blitzenden Zähnen: "Nicht weinen, meine Mira. Nicht weinen. Glaube diesem König da kein Wort. Hörst du! Kein Wort glaube ihm. Der König ist der Lügner, nicht ich."

Einen Augenblick lang herrschte Totenstille im Königssaal. Niemand wagte zu atmen. Die Frauen vom Felde, die als Zeugen geladen waren, die Diener, die Soldaten und Minister, sie alle drückten sich wie verschreckte Schafe in die Ecke. Denn sie alle wußten, daß gerade ihr König keine Lüge duldete. Weder bei sich noch bei anderen. Keine Mutter im ganzen Lande hätte es gewagt, ihn einen Lügner zu heißen.

Mutter Löwin aber stand auf. Aufrecht und furchtlos blickte sie den König an. Der König bezwang seinen Zorn. "Wenn du mir beweisen kannst, daß dein Kind das liebste, beste und schönste Kind unter der Sonne ist, will ich dir das ganze Königreich geben. Aber wenn du mir das nicht beweisen kannst, lasse ich euch beide bis an euer Lebensende in den finstersten Kerker meines Turmes werfen."

Mutter Löwin lächelte: "So seht mein Kind doch einmal richtig an. Es ist so schön, daß jede Rose Eures Gartens neben ihm verblaßt. Und es ist so lieb und gut, daß es seiner Mutter ein ganzes Königreich schenkt."

Der König warf abermals einen kurzen Blick auf das

häßliche Kind, das ihn aus traurigen Froschaugen anschaute, und schrie: "Für mich gilt nur, was ich mit meinen Augen sehen kann. Soldaten, packt sie und werft sie in den finstersten Kerker meines Turmes!"

Als die Soldaten auf Mutter und Kind zustürzten, um sie hinauszuschleppen, rief Mutter Löwin laut aus: "So mögen sich denn die Götter erbarmen und den Augen dieser Blinden zeigen, wie ich mein Kind in Wahrheit sehe."

Kaum war das letzte Wort im Saal verklungen, donnerte es so gewaltig, daß der Boden erbebte und die Wände erzitterten. Eine lodernde, blutrote Flamme züngelte sich um das Kind. So dicht, daß von ihm nichts mehr zu sehen war. Dann donnerte es zum zweiten Mal, und die Flamme löste sich im Lichte der Sonne auf. Alle starrten wie versteinert auf das Kind. Es stand da, in einem schneeweißen Kleid, mit langen, goldblonden Locken und einem Gesicht wie ein Engel. So unbeschreiblich schön und lieblich, als wäre es dem Reiche der Götter entstiegen. Und im Königssaal herrschte abermals Totenstille. Erst als Mutter und Kind einander zulächelten, erhob sich der König. Er stieg langsam die Stufen herab und schritt schweigend auf das Kind zu. In seinen Augen standen Tränen. Das Kind blickte den König so erstaunt an, als hätte es von all dem Schauspiel gar nichts bemerkt und es fragte: "Warum weinst Du, Herr König?"

Da beugte sich der König über das Kind und sagte lächelnd: "Weil du das liebste, das beste und das schönste Kind unter der Sonne bist – wenn man dich so sehen kann, wie deine Mutter dich sieht." Dann nahm er die Krone von seinem Haupt und drückte sie Mutter Löwin ins Haar.

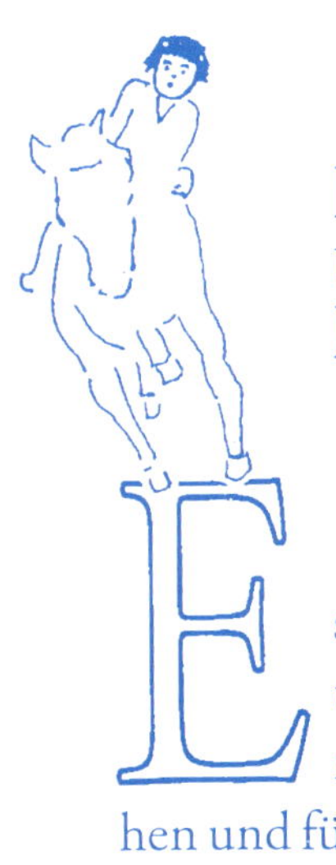

DER RITTER, DER AUSZOG, UM DEN MUSENTEMPEL ZU FINDEN

Es war einmal ein Ritter, der auszog, den Musentempel zu finden. Seine Brüder verlachten ihn und meinten, es wäre besser, er würde in den Krieg ziehen und für sein Land kämpfen. Aber der Ritter wollte davon nichts wissen.

"Kämpft ihr, wie ihr wollt", sagte er. "Ich kämpfe, wie ich will." Und so zogen seine Brüder in den Krieg, und er machte sich auf die Suche nach dem Musentempel.

Schon lange war er durch viele Wälder geritten, als er eines Tages unter Räuber fiel, die ihn beraubten und niederschlugen. So lag er nun zerschlagen auf dem Weg und hatte alles verloren: sein Schwert, sein Geld, sein Pferd. Was er aber nicht verloren hatte, das war die Sehnsucht nach dem Musentempel. Sie war ungebrochen geblieben. Er schleppte sich zu dem nahegelegenen Bach und wusch sich die Hände und das Gesicht. Als er wieder aufblickte, sah er einen Engel vor sich stehen, auf dessen Schulter eine weiße Taube saß.

Überwältigt von der Reinheit der Strahlkraft des Engels blickte der Ritter ehrfurchtsvoll zu ihm auf. Der Engel lächelte und sprach: "Ich weiß, du bist ausgezogen, den Musentempel zu suchen. Und diesen sollst du finden. Denn wenn du den Musentempel den Kriegen vorziehst, dann sollst du ein Diener der Musen sein. Hier, ich überreiche dir die Friedenstaube. Nimm sie, sie wird dich überallhin begleiten, wo du hingehst. Niemand außer dir und Menschen, die hierfür einen Blick haben, können diese Friedenstaube sehen. Aber sie werden von ihrer Strahlkraft magisch angezogen werden – und sie werden dich darum lieben.”

Dann holte der Engel aus seinem Mantel einen wunderschönen glänzenden Vogel heraus.

“Dieser Vogel”, sagte er, “ist ein Paradiesvogel, dort, wo er zu Hause ist, dort steht der Musentempel. Er wird dich dorthin fliegen.”

“Der kleine Paradiesvogel soll mich zum Musentempel fliegen? Wie soll dies geschehen?”

“Der Vogel wird an deiner Sehnsucht wachsen. Und eines Tages wirst du dich auf seinen Rücken setzen und ins Reich der Musen fliegen können. – Nun überlasse ich dir die Friedenstaube und den Paradiesvogel. Sie mögen dir beide viel Glück bringen.”

Nach diesen Worten verschwand der Engel. Der Ritter war noch ganz geblendet von seinem Lichte und rieb sich die Augen. Sollte alles nur ein Traum gewesen sein? Aber da sah er die Friedenstaube zur Linken seiner Schulter und den Paradiesvogel zur Rechten. Und plötzlich befiel ihn eine so gewaltige Sehnsucht nach dem Musentempel, daß sein Herz zu zerspringen drohte. Denn diese Sehnsucht tat so weh, wie ihm noch niemals zuvor in seinem Leben etwas wehgetan hatte. Und so schlug er seine Hände vor das Gesicht und weinte. Und er weinte so bitterlich, wie er nie zuvor in seinem Leben geweint hatte. Lange verharrte er so schluchzend auf der Wiese. Doch als er aufsah, da stand der Paradiesvogel vor ihm, so groß fast wie ein Pferd. Und er sprach zu ihm mit menschlicher Stimme:

"Die Tränen deiner Sehnsucht haben dein Herz gereinigt. Nun bin ich groß genug, um mit dir zum Musentempel zu fliegen. Setz' dich auf meinen Rücken."

Der Ritter schwang sich auf den Rücken des Paradiesvogels, und dieser erhob seine Schwingen und flog mit ihm ins Reich der Musen. Staunend sah er ein paradiesisches Reich vor sich, in dem kleine geflügelte Wesen sangen und tanzten und das so viel Harmonie ausstrahlte, daß er vor Glück weinen mußte. Er fühlte sich am Ziel aller seiner Sehnsüchte und Wünsche. Vor dem Musentempel setzte ihn der Paradiesvogel ab.

Der Tempel erstrahlte in silberweißem Licht, in dem sich die goldenen Strahlen der Sonne spiegelten. Musik umhüllte ihn wie eine Wolke. Nie zuvor hatte der Ritter eine so paradiesische Musik gehört.

Er trat in den Tempel ein und fand dort wieder geflügelte kleine, nackte Wesen. Ein Mann in weißem Gewande kam ihm entgegen.

"Willkommen im Tempel deiner Sehnsüchte. Wir waren schon auf dein Kommen vorbereitet." Und er führte den Ritter in einen wunderschönen Raum, in dem ein blumengeschmücktes Bett stand. "Lege dich hier nieder. Du sollst hier deinen Tempelschlaf halten. Während dieser Zeit werden dich die Musen das Harfenspiel, das Dichten und das Singen lehren. Und wenn du erwachst, dann wirst du dich wieder auf der Welt befinden."

Und so legte sich der Ritter auf das Bett des Musentempels, lauschte lange der Musik und fiel in seinen Tempelschlaf.

Wie lange er geschlafen hatte, das wußte er nicht, aber als er erwachte, da saß er im prunkvollen Festsaal eines Königsschlosses und spielte seine Harfe und sang dazu. Und er wußte nicht, ob er jetzt oder ob er vorher geträumt hatte. Aber als er sein Lied geendet hatte, erhob sich der König.

"Nie zuvor hat ein Minnesänger meine Seele so berührt. Wie seltsam, daß ich noch nichts von Euch gehört hatte. Wenn Euch nicht zufällig einer meiner Diener vor dem Schloß mit Eurer Harfe spielen und singen gehört hätte, dann hätte ich wohl nie etwas von Euch erfahren. – Aber sagt, Minnesänger, woher kommt Ihr?"

Da erzählte ihm der Ritter von seiner Familie und daß er ausgezogen war, den Tempel der Musen zu finden, und die Musen ihn im Traum alles gelehrt hatten, woran der König so viel Vergnügen fand. Der König hatte ihm aufmerksam zugehört.

"Dann waren es wohl die Musen, die Euch zu mir geführt haben. – Vielleicht habt ihr einen besonderen Auftrag?"

Der Ritter faßte sich an den Kopf, als plötzlich die Friedenstaube an seinem Ohr gurrte. "Ich denke wohl", sagte er. "Ich möchte Euer Herz versöhnlich stimmen. Ich weiß, Ihr hattet Streit mit dem Nachbarkönig und denkt daran, mit ihm Krieg zu führen. Aber wenn ich Euer Herz versöhnlich stimme und dann zu Eurem Nachbarkönig ziehe und mit meinen Liedern auch sein Herz versöhnlich stimme – vielleicht ließe sich Euer Streit dann ohne Krieg und Blutvergießen schlichten?"

Der König, dessen Herz vom Vortrag des Minnesängers weichgestimmt war, ließ sich zu einem Versuch überreden. Und der Ritter zog am anderen Morgen zum Nachbarkönig,

um auch diesem auf der Harfe seine Lieder zu bringen und
sein Herz versöhnlich zu stimmen. Der Nachbarkönig war
nicht weniger beeindruckt von dem Gesang des Minnesängers. "Welch Freude, euch zuzuhören!"

Und wieder erzählte der Minnesänger von sich und fragte
den Nachbarkönig, ob er versuchen solle, mit seinen Liedern
und seinem Gesang zwischen ihm und dem anderen König
den Streit zu schlichten. Auch der Nachbarkönig war nicht
abgeneigt. Singend zwischen den beiden Königen hin- und
herziehend, überbrachte er Botschaften von dem einen zum
anderen und von dem anderen zum einen, bis sich schließlich eines Tages beide Könige zu einem Gespräch bereiter-
klärten. Genau an der Grenze ihres Reiches.

Sie trafen sich an einem schönen Abend, als die Sonne
wie ein roter Feuerball den Bergspitzen zurollte.

Der Ritter spielte zu ihrer Begrüßung ein Lied, und die
Friedenstaube auf seiner Schulter, die niemand sehen, aber
alle spüren konnten, sandte ihre Strahlen aus. Und während
der Ritter sang, blickten sich die beiden Könige an. Und beinahe gleichzeitig zog ein Lächeln in ihre Gesichter, sie nick-
ten einander zu und verbeugten sich leicht voreinander. Als
der Ritter der Musen sein Lied geendet hatte, war das Eis zwischen den beiden Königen gebrochen. Sie begannen miteinander zu reden, sprachen alsbald alles aus, was sie bewegt oder
gekränkt hatte, und kamen schließlich darauf, daß der ganze
Streit auf einem Mißverständnis aufgebaut gewesen war, auf
einem ganz kleinen Mißverständnis. Und als ihnen dies klar
wurde, da mußten sie wie aus einem Halse schallend über
sich selber lachen.

"Und eines solchen Mißverständnisses wegen hätten wir

uns beinahe die Köpfe eingeschlagen und unsere Soldaten in den Krieg geschickt", sagte der eine König. Und der andere meinte: "Und wir hätten für unseren Streit sinnlos Blut vergossen."

Und dann blickten sie zu dem Ritter der Musen, dem Minnesänger, der sie mit seinem Friedens- und Minnegesang zur Einsicht gebracht hatte, und dankten ihm.

"Du sollst für Deine Dienste die schönste Ritterburg im ganzen Land erhalten", sagten sie. "Und die lassen wir Dir beide bauen, genau an der Grenze, so daß der eine Teil der Burg in meinem Lande steht und der andere Teil der Burg in dem Land des Nachbarkönigs. Und Du sollst unser Friedensrichter sein. Wenn wir jemals wieder in Streit geraten, dann dürfen wir nicht Krieg führen, ehe wir nicht gemeinsam Deinem Gesange und Deinem Spiel gelauscht haben und miteinander reden konnten."

Und so hatte der Ritter, der ausgezogen war, um den Tempel der Musen zu finden, ganz alleine einen Krieg gewonnen, ohne auch nur einen einzigen Tropfen Blut dabei vergossen zu haben. Da erkannten seine beiden Brüder, die ihn immer als weichen Schwächling verlacht hatten, daß er mit dem Musenschwerte stärker war als alle Soldaten und Feldherren des Landes.

DER KOBOLD, DER SICH TRÄNEN SCHENKEN LIEß

Es war einmal ein Zigeunerjunge, der mit seinen Eltern in einem Zigeunerwagen lebte und mit ihnen durch die Städte zog. Der Vater des Zigeunerjungen war ein derber und jähzorniger Mann, der trank und seinen Jungen oft schlug und mißhandelte. Auch die Mutter fand ihn oft recht lästig und konnte ihm keine Liebe mehr schenken. So wuchs der Zigeunerjunge heran und fühlte sich vom Leben stiefmütterlich behandelt, denn auch die Kinder anderer Leute wollten mit dem Zigeunerjungen nie spielen, weil er immer zerlumpt war und schmutzige Kleider trug.

Eines Nachts, der Zigeunerjunge war gerade zehn Jahre alt geworden, beschlossen seine Eltern, ihn im Wald auszusetzen, um einen Esser weniger zu haben. Die Mutter verabreichte ihm am Abend einen schweren Schlaftrunk. Und dann führten sie ihn mit dem Pferdewagen in den dichten Wald, legten ihn unter einen Baum und fuhren davon. "Mit zehn Jahren kann man sich schon allein durch's Leben schlagen", sagte der Vater, um das schlechte Gewissen seiner Frau zu beruhigen. "Wir haben unsere Pflicht getan. Möge ihn künftig der Himmel beschützen."

Als der Zigeunerjunge erwachte, hatte gerade die aufgehende Morgensonne den Wald in ein goldenes Licht getaucht. Staunend blickte sich der Junge um und glaubte zuerst zu träumen, dann setzte er sich auf. Er hielt nach seinen Eltern Ausschau, nach dem Pferdewagen, aber so weit er blicken konnte, von dem Wagen war nichts zu sehen. Nur die Spuren der Räder waren im Waldboden eingegraben. Eine Weile wartete der Junge, aber als seine Eltern nicht zurückkehrten, begann er bitterlich zu weinen.

"Ach", schluchzte er, "meine Eltern haben mich nie gemocht. Jetzt haben sie mich hier ganz allein im Wald gelassen." Und er fühlte sich von aller Welt verlassen. Und als er nun so weinte, entdeckte er plötzlich einen kleinen Kobold auf seinem Knie, der seine Hände unter sein Gesicht hielt, um seine Tränen aufzufangen. Staunend hielt der Zigeunerjunge in seinem Schluchzen inne.

"Wer bist du?" fragte er. "Und was machst du da?"

"Ich bin ein Kobold und spiele mit deinen Tränen fangen." "Mit meinen Tränen spielst du", empörte sich der Zigeunerjunge. "Ich weine um meine Eltern, die mich verlassen haben", fügte er weinerlich hinzu, und seine Augen füllten sich von neuem mit Tränen.

Der kleine Kobold hielt sofort wieder die Hand auf, um eine Träne zu erwischen. Das machte den Zigeunerjungen wütend.

"Meine Tränen sind kein Spielzeug!" stieß er hervor und fegte den Kobold weg, so daß dieser ins Gras fiel wie ein Käfer. "Hoppla", rief der Kobold aus. "Nicht so hitzig! Wenn du mich nicht mit deinen Tränen spielen läßt, helfe ich dir auch nicht weiter. In diesem Wald haust nämlich eine Hexe. Und wenn sie dich findet, wird sie dich in einen Raben verwandeln, wie sie das bereits schon mit all den anderen gemacht hat, die sie hier im Wald gefunden hat. Ich bin zwar ein Wichtelkobold – aber ich bin ein guter Kobold. Wenn man mir auch ein bißchen Spaß läßt und sich über meine Scherze nicht aufregt, kann ich sehr nett sein. – Also? Schenkst du mir nun deine Tränen zum Spielen oder nicht?"

"Hilfst du mir dann wirklich?" fragte der Junge.

"Ganz bestimmt", antwortete der Kobold.

"Also gut", sagte der Junge bange. "Ich schenke dir meine Tränen. Aber sogleich fügte er trotzig hinzu: "Nur im Moment weine ich jetzt nicht mehr."

"Ach", sagte der Kobold frech und kam wieder näher. "Ich nehme Lachtränen. Die machen mir genauso viel Spaß."

"Zum Lachen ist mir im Moment auch nicht zumute", brummte der Junge.

"Macht nichts, das kann noch kommen. – Du mußt es mir nur versprechen, daß du mir alle deine Tränen vermachst, ob du jetzt lachst oder weinst."

"Also gut", antwortete der Junge, der den kleinen, frechen Kobold immer sympathischer fand. "Du kannst sie alle haben."

Der Kobold freute sich und rieb sich die Hände. "Das ist ein gutes Geschäft!" rief er aus. Dann zog er ein kleines Blatt Papier aus der Tasche und sagte: "Bitte unterschreibe das mit deinem Namen."

"Was ist das?" fragte der Zigeunerjunge.

"Das ist eine Schenkungsurkunde. Darauf steht, daß du mir alle deine Tränen vermachst."

Der Zigeunerjunge, der gerade seinen Namen Roberto schreiben konnte, kritzelte seinen Namen darunter. Der kleine Kobold begann mit der unterschriebenen Schenkungsurkunde wie wild herumzutanzen. "Ich bin reich, ich bin ein ganz gemachter Kobold!" freute er sich. "Und nun will ich der bösen Waldhexe einen Streich spielen! – Komm mit! Sie hat dich nämlich schon gerochen und ihr Hexenfeuer angezündet. Sie wird bald auftauchen und dich in einen Raben verwandeln wollen. Verbirg mich in der Tasche deiner Jacke und habe keine Angst."

Kaum hatte Roberto, der Zigeunerjunge, den Kobold in seiner Tasche versteckt, da tauchte auch schon die Hexe vor ihm auf, den Zauberstab in ihrer Hand.

"Und wieder ein Rabe mehr!" rief sie. "Hokus, pokus, rabikus." Sie schwang ihren Zauberstab dreimal und dann starrte sie fassungslos den Zigeunerjungen an. "Wieso wirst du kein Rabe? Mein Zauberstab hat bisher immer gewirkt. Wieso wirst du kein Rabe?"

Der Zigeunerjunge antwortete nicht. Da kletterte der kleine Kobold aus seiner Tasche und rief lachend: "Du hast über diesen Jungen hier keine Macht. Er hat mir alle seine Tränen vermacht und die Schenkungsurkunde unterschrieben. Und Raben können ja nicht weinen. Und wenn sie lachen, haben sie keine Tränen."

Der Kobold sprang vor Freude aus der Tasche und tanzte vor der Hexe auf und ab. "Ich bin klüger als du, Hexe! Wir haben dich besiegt!" Da stampfte die Hexe zornig mit den Füßen auf und versank im Waldboden. Im nächsten Moment donnerte es und Tausende von Raben flogen herbei, setzten sich auf den Boden und verwandelten sich in ihre menschliche Gestalt zurück. Es waren Tausende von Kindern, die die Hexe verzaubert hatte und die sich jetzt voll Freude um den Hals fielen. Und weil sie dem guten Kobold alle sehr dankbar waren, daß er die böse Hexe überlistet und sie erlöst hatte, vermachten auch sie ihm alle ihre Tränen, die freudigen und die traurigen.

Der Zigeunerjunge aber durfte den Kobold als seinen besten Freund behalten und von ihm lernen. Und so entwickelte er sich im Laufe der Jahre zu einem ganz großen Komiker, der viele Leute mit seinen Scherzen und seinem Humor zum Lachen bringen konnte, denn von Lachtränen konnte der Kobold schon gar nicht genug bekommen.

Der Engel mit der Geige

Es war einmal ein kleiner Junge, der hatte sich in das Bildnis eines Engels verliebt, das er in der Bildergalerie der großen Maler entdeckt hatte. Tagtäglich kam der kleine Junge am Nachmittag in die Galerie, um seinen Engel zu besuchen. Weil er aber wußte, daß ihn die anderen Jungen seiner Liebe zu dem Engel wegen verlachen würden, behielt er seine Besuche als sein Geheimnis bei sich. Aber er dachte Tag und Nacht an seinen Engel, und weil der Engel auf dem Bildnis eine Geige in der Hand hielt, wünschte sich der Junge eine Geige. "Komischer Junge", sagte der Vater. "Andere wünschen sich etwas Praktisches, Werkzeuge und Baukästen oder einen Ball, aber du mußt eine Geige haben."

Aber Leo, so hieß der Junge, bat und bettelte so lange, bis er eine Geige bekam und Unterricht nehmen durfte. Schon bald stellte sich heraus, daß Leo viel Talent hatte. Er lernte schneller als andere Kinder, mit seiner Geige umzugehen, und sie wurde ihm seine liebste Weggefährtin.

Doch immer besuchte er, wenn er Zeit hatte, den Engel in der Bildergalerie, denn er hatte nicht aufgehört, ihn zu lieben. Eines Tages, als Leo in seinem Zimmer gerade Geige übte, kam ein kleiner Vogel zum Fenster hereingeflogen.

"Nanu", sagte Leo. "Wie hast du dich denn hier herein verirrt?" Zu seinem Staunen antwortete der Vogel mit menschlicher Stimme: "Nimm deine Geige und komm mit mir. Ich führe dich zu deinem Meister." Und dann flog der Vogel zum Fenster hinaus. Leo verließ das Haus und folgte dem Vogel, der ihm vorausflog. Als sie auf eine wunderbare Landstraße kamen, begann der Vogel, immer größer und größer zu werden.

"Komm, setz dich auf meinen Rücken", sagte der Vogel zu dem erstaunten Jungen, "ich fliege dich dorthin, wo du erwartet wirst." Und als sich Leo auf den Rücken des Vogels gesetzt hatte, flog dieser immer höher und höher empor, über Felder und Meere, bis der Himmel verblaßte und die ersten Sterne über ihm erglühten.

"Halte dich nur gut fest", sagte der Vogel zu dem Jungen. "Ich fliege mit dir zu den Sternen empor." Und sie flogen immer höher und höher, an einem Stern nach dem anderen vorbei, bis sie eine andere Welt erreichten. Es war eine farbige, schöne Welt, eine Welt voll Harmonie und Musik. Die Blumen, die Bäume, die Bäche, die Gräser, sie alle spielten wie ein Orchester eine Symphonie und wirkten wunderbar zusammen, so daß es dem Jungen ganz warm ums Herz wurde. Plötzlich entdeckte er in der Wiese einen weißgekleideten Spielmann, der auf seiner Geige zu dem Spiel der Natur ein Solo spielte. Leo kletterte vom Rücken seines Vogels herunter und hörte dem Spielmann mit Augen und Ohren zu. Nie zuvor hatte er einen Spielmann so wunderbar die Geige spielen hören. Und als der Spielmann geendet hatte, fragte der Junge: "Wie kommt es, daß du so wunderbar die Geige spielen kannst?"

Da antwortete der Spielmann lächelnd: "Als ich ein kleiner Junge war, da habe ich mich in einen Engel mit einer Geige verliebt. Und ich habe nicht aufgehört, diesen Engel zu lieben. Und nun war mir dieser Engel zu meinem wahren Meister geworden, in welcher Gestalt er mir als Lehrer auch gegenübertrat und mich unterrichtete."

Da bat der Junge den Spielmann, ihm doch Unterricht zu geben. "Gerne", sagte der Spielmann. "Mach die Augen zu. Denke daran, daß du mich in vielen Gestalten triffst. Aber deinen wahren Meister findest du immer nur in dir."

Und als Leo die Augen wieder öffnete, da stand er in seinem Zimmer und spielte plötzlich, als ob ihn eine Engelshand führte seine Geige wie ein Meister.

Wie der Hofnarr den Drachen besiegte

Es war einmal ein König, der keine Söhne hatte und sich einen Nachfolger für sein Land wünschte. Der Nachfolger sollte weise, mutig, gütig und verständnisvoll sein. Der König machte sich auf die Suche. Doch weil er auf Nummer sicher gehen wollte, einen Nachfolger nach seinen Vorstellungen zu finden, ließ er in seinem Land verlauten, daß der Mann, der ihm den Stein der Weisen bringen könne, als sein Nachfolger eingesetzt würde. Viele Männer des Landes, Ritter, Soldaten, Grafen, Landherren, aber auch Bauern und Handwerksburschen sahen nun ihre große Chance gekommen, auf den Thron zu gelangen, und machten sich auf die Suche nach dem Stein der Weisen.

Der König hatte am Hofe auch einige Hofnarren, die für seine Unterhaltung sorgten. Einer der Hofnarren, der jung war und sich durch einen besonders feinsinnigen Humor und die Beherrschung vielerlei Künste auszeichnete und den König gerne zum Lachen brachte, trat eines Abends in das Gemach des Königs.

"Mein König", sagte der Hofnarr. "Erlaubt mir, für einige Wochen Urlaub vom Hofe zu nehmen." "Wofür willst du denn Urlaub haben?" fragte der König. "So anstrengend ist doch deine Aufgabe bei Hofe nicht."

"Mein König", lächelte der Hofnarr, "ich brauche den Urlaub, um nach dem >Stein der Weisen< zu suchen." Da lachte der König aus vollem Halse.

"Du willst den Stein der Weisen finden, ja, glaubst du, ich werde mein Land einem Hofnarren übergeben?"

"Warum nicht", sagte der Hofnarr treuherzig, "wenn ich euch den Stein der Weisen bringen könnte? Ich kenne die höfischen Sitten, auch wenn ich mich als Hofnarr nicht immer daran zu halten brauche. Ich bin gewiß noch besser als ein Handwerksbursche oder ein Bauernsohn. – Oder findet ihr etwa nicht?"

"Nun", sagte der König, "ich bin überzeugt, daß die Ritter meines Landes den Stein der Weisen finden werden. Der Stein der Weisen wird doch nicht in die Hände eines Unwürdigen gelangen."

"Sollte ich etwa ein Unwürdiger sein?" sagte der Hofnarr Troll und machte ein Gesicht wie ein beleidigtes Kind.

Der König schmunzelte. "Du bist ein glänzender Spaßmacher. Du verstehst es meisterhaft, den Hof zum Lachen zu bringen. Du kannst deine Laute spielen, aber du kannst kein Schwert führen. Und wer kein Schwert führen kann, kann keine Kriege führen. Und wer keine Kriege führen kann, kann kein Land regieren. – Aber gut, du sollst deinen Urlaub bekommen. Warum sollte ich es nicht auch einem meiner Hofnarren erlauben, nach dem Stein der Weisen zu suchen. Vielleicht fallen dir unterwegs ein paar neue Späße für den Hof ein. Dann haben wir wenigstens etwas zum Lachen, wenn du zurückkommst und den Stein der Weisen nicht gefunden hast."

"Oh, mein König", freute sich Troll. "Zum Lachen bringe

ich euch ganz gewiß etwas mit, darauf könnt ihr euch verlassen." Und so machte sich Troll auf die Suche nach dem Stein der Weisen. Er ritt durch Stadt und Land und fragte alle möglichen Leute, denen er begegnete, wo er den Stein der Weisen finden könne. Und jeder schickte ihn in eine andere Richtung.

"Nein", sagte sich eines Tages der Hofnarr Troll, "so geht das nicht weiter. Auf diese Weise finde ich den >Stein der Weisen< nie. Ich werde nur noch mich selbst fragen."

Und so fragte sich Hofnarr Troll nach dem Stein der Weisen selbst, aber er bekam keine Antwort. Doch blieb er beharrlich. Den ganzen, lieben Tag lang fragte er sich selbst, wo er den Stein der Weisen finden könne, und eines Morgens, als er nach einem langen, erquickenden Schlaf erwachte, blitzte in ihm das Bild eines dichten Waldes auf.

"Ah", rief Troll. "Ich muß also in einen Wald reiten." Und er galoppierte mit seinem Pferd in den nächsten Wald, den er auf seinem Weg finden konnte. Als er eine Weile durch den Wald geritten war, stand er vor einem See.

"Oh, wie schön!" rief der Hofnarr. "Hier will ich bleiben." Und er warf seine Kleider von sich und stieg ins Wasser. Der See war aber ein Zaubersee und gehörte einer wunderschönen Nixe, einer der Gespielinnen Neptuns. Sie tauchte aus den Fluten vor dem Hofnarren auf. Der wäre vor Überraschung beinahe untergegangen, weil er das Schwimmen vergaß. Ein so liebliches Geschöpf hatte er noch niemals gesehen, geschweige denn mit ihm im Wasser gebadet. "Erschrick nicht", sagte die Nixe lächelnd. "Der See gehört mir. Und wer in diesem See badet, der hat einen Wunsch offen. Sag mir, was du dir wünschst."

"Ich wünsche mir", antwortete der Hofnarr Troll, "daß ich den Stein der Weisen finde."

"Der Stein der Weisen", lächelte die Nixe. "Nun, ich kann dir nur sagen, wo er ist. Erringen mußt du ihn dir selbst. – Er liegt in einer Höhle am anderen Ufer des Sees und wird von einem Drachen bewacht. Wenn du den Drachen besiegst, ist der Stein der Weisen dein. Aber es ist schwer, den Drachen zu besiegen. Schon viele Ritter und viele tapfere Männer haben mit ihm gekämpft. Sie alle liegen tot am Grunde meines Sees. Überlege es dir gut."

"Ich will es versuchen", sagte der Hofnarr und sprang aus dem Wasser. Er bedankte sich bei der Nixe, zog seine Kleider an und ritt auf die andere Seite des Sees, wo er nun tatsächlich einen riesigen, feuerspeienden Drachen vor der Höhle fand.

Der Hofnarr nahm all seinen Mut zusammen, um nicht vor ihm wegzulaufen. Er blieb in einiger Entfernung stehen, schlug dort sein Lager auf und beobachtete den Drachen, der auch ihn nicht aus den Augen ließ und immer wieder Feuer zu ihm herübersprühte. Nach einer Weile bekam der Hofnarr Mitleid mit dem feuerspeienden Drachen. War so ein Drache nicht ein armes Geschöpf? Den ganzen Tag lang mußte er den >Stein der Weisen< bewachen. Nie konnte er von der Höhle fortgehen, um sich der schönen Wege in den Wäldern zu erfreuen. In der Tat, der Drache war viel mehr zu bedauern als zu fürchten. Und je mehr Mitleid der Hofnarr mit dem Drachen bekam, desto mehr hatte er den Wunsch, ihm eine Freude zu machen. Und so packte er seine Laute aus der Tasche und begann dem Drachen ein Lied zu spielen und zu singen. Der Drache war darüber so überrascht, daß er das Feuerspeien vergaß. So etwas hatte er noch nie

erlebt! Bisher waren sie immer mit Waffen und Schwertern auf ihn losgegangen, um ihn zu töten. Bisher hatte er immer um sein Leben kämpfen und sich verteidigen müssen. Nun aber wurde ihm, dem bösen, häßlichen Drachen, ein Lied gespielt, das ihm so wohl tat und in seinem Drachenherzen all den Groll zum Verschwinden brachte.

Als der Hofnarr bemerkte, daß der Drache ihm zuhörte und das Feuerspeien eingestellt hatte, kam er spielend und singend immer näher. Der Drache bewegte sich nicht. Er lag ganz still und zahm da wie ein Hündchen. Und als der Hofnarr ganz nahe bei ihm war, legte er die Laute weg und begann den Drachen zu streicheln. Der Drache hielt ganz still. Auch das war ihm noch nie passiert. Und es tat ihm so gut, gestreichelt zu werden, daß Tränen der Freude aus seinen riesigen Drachenaugen kullerten.

Da begann der Hofnarr, mit ihm zu sprechenund erzählte ihm, daß der König einen Nachfolger für sein Land suche, und daß der sein Nachfolger werden solle, der ihm den Stein der Weisen brächte. "Aber", sprach der Hofnarr weiter, "nie und nimmer würde ich für den Stein der Weisen mit dir kämpfen und dich töten wollen. Wenn du ihn mir schenken willst, nehme ich ihn gerne an. Wenn du ihn aber behalten willst, dann bleibe ich weiter ein Hofnarr und der König bleibt ohne Nachfolger."

Der Drache hatte dem Hofnarren aufmerksam zugehört. Dann erhob er sich stumm, stapfte in die Höhle und brachte dem Hofnarren den Stein der Weisen. In diesem Augenblick donnerte es, und der Drache löste sich in einer Wolke auf. Doch als sich die Wolke lichtete, da stand ein Weiser vor dem Hofnarren.

"Siehe", sagte der Weise, "du hast den Stein der Weisen mit deiner Liebe errungen. Nimm ihn!" Und der Weise drückte dem Hofnarren den Stein der Weisen in die Hand und verschwand, noch ehe der Hofnarr etwas sagen konnte. Der Hofnarr steckte den Stein der Weisen ein, schwang sich auf sein Pferd und ritt aus dem Wald zurück in die Stadt zum Schlosse des Königs. Lachend wurde er vom König und den anderen Hofnarren empfangen.

"Ich habe den Stein der Weisen gefunden!"

Der König und all seine Hofnarren und Diener lachten darüber wie über einen guten Scherz, denn natürlich glaubte ihm keiner, daß gerade er den Stein der Weisen gefunden haben sollte.

Da zog Hofnarr Troll den Stein der Weisen aus der Tasche und zeigte ihn den anderen. Der Stein der Weisen, der in vielen Farben funkelte, wurde von einer Hand zur anderen weitergereicht. "Das soll wirklich der Stein der Weisen sein?" fragte der König. Aber noch ehe der Hofnarr etwas sagen konnte, trat zum Erschrecken aller aus dem Stein der Weisen eine riesengroße Wolke, in der sich, als diese sich lichtete, der Weise befand.

"Fürchtet euch nicht!" rief er den erschreckten Gesichtern im Saal zu. "Viele Menschen haben um den Besitz des Steins der Weisen gekämpft, aber errungen hat ihn nur der, der mit dem größten Mut und der größten Liebe den Kampf geführt und den Drachen besiegt hat."

Und der Weise überreichte dem Hofnarren Troll das Gewand des Weisen und verschwand. Der König aber setzte den Hofnarren als seinen Nachfolger ein und wußte nun, daß er sich keinen besseren für sein Land hätte wünschen können.

Das Kind, das seinen liebsten Spielkameraden fand

Es war einmal ein Kind mit blonden Locken und rehbraunen Augen, dem gehörte ein goldenes Schloß, das war von einem riesigen Garten umgeben. Der Garten war von paradiesischer Schönheit. Inmitten dieses Gartens stand ein mächtiger, uralter Baum, der einmal ein Blütenkleid trug und ein andermal wieder voll herrlicher Früchte war. Vielerlei Vögel saßen in seinen Zweigen und zwitscherten ihre Lieder zu den Blättern des Baumes, die in vielen Tönen wie ein Orchester zusammenspielten und den Baum mit einer wunderschönen Melodie umgaben. Es war der Lebensbaum des Kindes. Und es liebte diesen Baum sehr. In dem Schloßgarten befand sich aber auch ein See, dessen Wasser am Tage wie pures Gold und in der Nacht wie Silber glänzte. Auch den See liebte das Kind sehr.

Dem Kind dienten die Luftgeister, sie waren alle seine Freunde und seine Spielgefährten. Und oft lief es mit den Luftgeistern um die Wette und spielte mit ihnen fangen. Eines Tages saß das Kind, wie schon so oft, auf einem Stein am Ufer des Sees und sah den spielenden Fischen zu, den Seepferdchen und den tanzenden Elfen der Seerosen. Es war sehr glücklich, das Kind, und es kannte nichts anderes als dieses Glück seiner paradiesischen Welt.

Doch plötzlich geschah etwas, was es noch nie zuvor erlebt hatte. Auf der Wasseroberfläche bildete sich das Bildnis eines Kindes – sein eigenes Bildnis war es. Voll Staunen betrachtete es sein Bild, ohne zu wissen, daß es sein Abbild war, das es hier sah.

"Oh", rief es aus, "jemand Neues zum Spielen und zum Betrachten." Und es streckte seine Hand seinem Bildnis im See entgegen. Doch welche Freude! Auch das Kind im Wasser streckte ihm seine Hand entgegen. Das erfreute Kind winkte dem Kind im Wasser, herauszukommen, um mit ihm im Garten zu spielen. Doch sein Bildnis im Wasser schien dasselbe zu wollen, und winkte ihm, zu ihm ins Wasser zu kommen. "Nun gut", sagte das Kind. "Wenn du nicht zu mir herauskommen willst, dann komme ich zu dir in den See. Ich möchte, daß wir beide zusammenkommen." Und das Kind sprang zu seinem Bildnis in den See.

Doch als es im See war, fand es sein Bildnis nicht mehr. "Hallo!" rief es. "Wo bist du? Hast du dich versteckt?" Und das Kind schwamm und suchte sein Bildnis. Doch als es dieses nicht mehr fand, tauchte es immer tiefer und tiefer in den See hinunter. Dabei verlor es die Besinnung.

Als es erwachte, lag es vor den Toren einer Stadt. Voll Staunen sah es dem bunten Treiben der Menschen zu. Es hatte nicht nur vergessen, woher es gekommen war und was es hier wollte, es wußte auch nicht, was die Menschen, die Häuser und die Pferdefuhrwerke bedeuteten. Vertraut waren ihm nur die Wiesen, die Bäume und Tiere, der Himmel und die Sonne. Niemand von den vorbeigehenden Leuten achtete auf das Kind, das mit großen Augen das Treiben rings um sich beobachtete. Nach einer Weile erhob sich das Kind und ging durch das Tor in die Stadt. Keiner von den vielen Leuten, die es sahen, schien es zu bemerken. Und als es so durch die Straßen ging und des Staunens nicht müde wurde, fuhr eine goldene Kutsche durch die Straße. In dieser Kutsche saß der König und die Königin mit ihrem kleinen Prinzen, der neugierig aus dem Fenster sah. Als er das Kind auf der Straße erblickte, rief er: "Seht das kleine Mädchen dort! Es ist ganz allein! Es hat sich gewiß verirrt." Und er bat und bettelte so lange, bis die Kutsche haltmachte und die Königin zwei Dienerinnen zu dem kleinen Mädchen schickte, die sie freundlich ansprachen: "Hast du dich verirrt, kleines Mädchen? Woher kommst du und wohin gehst du? Und wem gehörst du?"

Das Kind sah die beiden Dienerinnen mit großen Augen an und antwortete: "Ich weiß es nicht." Da nahmen die Dienerinnen das Kind mit zur Kutsche und erzählten der Königin, daß es niemandem gehöre.

"Oh!" rief der kleine Prinz, der alles mitangehört hatte. "Wenn es niemandem gehört, behalten wir das kleine Mädchen doch! Ich würde es so gerne bei uns im Garten zum Spielen haben." Und weil der König und die Königin nicht wußten, wohin sie das kleine Mädchen hätten bringen sollen, und auch Gefallen an ihm fanden, nahmen sie es ganz einfach in das Schloß mit. Dort bekam es ein schönes Zimmer und schöne Kleider und gute Speisen und Getränke. Und es dauerte nicht lange, da hatte es sich in die Herzen der Leute, die es umgaben, gelächelt. Denn es konnte auf ganz besondere Weise alle Leute mit einem Leuchten in ihren Augen anlächeln.

Der kleine Prinz aber liebte das Mädchen über alle

Maßen. Es schien ihm so geheimnisvoll, als käme es von einem fernen Lande. Denn weder er noch jemand anderer konnten herausfinden, wer das kleine Mädchen war, wohin es gehörte und wohin es gehen wollte. Und auch das kleine Mädchen selbst wußte es nicht.

Eines schönen Nachmittags, als das kleine Mädchen und der kleine Prinz am See im Garten ihres Schlosses spielten, da kam dem kleinen Prinzen die Idee, ihre Gesichter im Spiegel des Wassers zu betrachten. Und so knieten sie sich an den Rand des Sees und beugten ihre Gesichter über das Wasser.

"Sieh nur, was für lustige Gesichter ich machen kann!" rief der kleine Prinz. Aber das kleine Mädchen verstummte auf seltsame Weise und starrte nur unverwandt sein eigenes Spiegelbild an. Und während es sich so betrachtete, hatte es das Gefühl, als ob es sich in ferner Vergangenheit schon einmal auf diese Weise betrachtet hätte. Und plötzlich tauchte seine Erinnerung wieder auf.

"Warum bist du so still?" fragte der kleine Prinz, dem das seltsam gewordene Gesicht des kleinen Mädchens auffiel. "Du", flüsterte das kleine Mädchen, "ich glaube, jetzt erinnere ich mich wieder, woher ich komme. – Ich komme von irgendwo her, wo ich ein goldenes Schloß und einen wunderschönen Garten besitze. In diesem Garten steht ein großer Baum, der einmal Blüten und einmal Früchte trägt und dessen Blätter ihn mit Musik umgeben. Dieser Baum ist mein Lebensbaum. Und in meinem Garten ist ein See, genauso wie der hier, aber am Tage ist sein Wasser golden, und in der Nacht ist es silbern. Und ich habe Luftgeister, die mich bedienen und mit mir spielen."

"Von dort kommst du her", flüsterte der Prinz ehrfürchtig. Das kleine Mädchen nickte. "Ja, ich habe es wieder genau vor mir. Mein Lebensbaum ist so schön wie keiner eurer Bäume im Garten, und mein Schloß glänzt in allen Farben, als wäre es von der Sonne erbaut."

"Und alles gehört dir ganz allein?"

Das kleine Mädchen nickte wieder. "Mir ganz allein."

"Und wie bist du von dort hierher gekommen?" fragte der kleine Prinz.

"Ich hatte an jenem Tag zum ersten Mal, als ich mich über das Wasser beugte, ein kleines Mädchen in meinem See gesehen, das genauso aussah wie das Mädchen, das ich jetzt hier im See erblicke."

"Das ist dein Spiegelbild", erklärte ihm der kleine Prinz.

"Ihr nennt es so", erwiderte das kleine Mädchen. "Ich bin zu ihm in den See gesprungen, um mit ihm zu spielen, doch da war es weg, und ich begann es zu suchen und tauchte immer tiefer und tiefer ins Wasser, bis ich von nichts mehr wußte und vor den Toren eurer Stadt erwachte."

"Es muß schön bei dir zu Hause am anderen Ende des Sees sein", sagte der kleine Prinz.

"Sehr schön", lächelte das kleine Mädchen und plötzlich überfiel es eine große Traurigkeit. "Ich habe auf einmal großes Heimweh." Der kleine Prinz umarmte das kleine Mädchen: "Es ist gewiß schöner bei dir zu Hause, wo du alles hast, was du dir wünschst, als hier bei uns. Aber mich hast du dort nicht. Würde dich das nicht sehr traurig machen?"

"Ich denke schon", antwortete das kleine Mädchen. "Als ich dich noch nicht kannte, wußte ich nicht, daß es dich gibt, und alles, was mich umgab, hat mich glücklich gemacht. Nun aber, da ich weiß, daß es dich gibt, würde mich nur dann wieder mein Reich glücklich machen können, wenn ich alles, was ich habe, mit dir so teilen kann, wie du mit mir teilst, was du hast.”

“So, wie ich alles mit dir teile, würdest auch du alles mit mir teilen?” fragte der kleine Prinz und wurde ganz atemlos vor Freude.

“Ja, genau so”, antwortete das kleine Mädchen. Dann nahm es den Prinzen bei der Hand und sagte: “Komm, spring mit mir in den See, damit ich dir meine Welt vorstellen kann.”

“Aber ich habe Angst”, flüsterte der kleine Prinz.

“Was ist das, Angst?” fragte das kleine Mädchen.

“Das ist”, stotterte der Prinz, “so ein Gefühl, daß man weglaufen möchte.”

“Bitte”, bettelte das kleine Mädchen, “lauf nicht weg und habe keine Angst. Wenn du einmal bei mir zu Hause gewesen bist, dann hast du keine Angst mehr. Denn wenn du mich magst, wird dir auch meine Heimat gefallen. – Komm – bitte ... “

Der kleine Prinz nickte, und weil er das kleine Mädchen so sehr liebte und ihm keinen Wunsch versagen wollte, nahm er es bei der Hand und sie sprangen beide in den See und tauchten immer tiefer und tiefer, bis sie die Besinnung verloren. Als sie erwachten, lagen sie unter dem Lebensbaum im Schloßgarten des kleinen Mädchens.

“Siehst du”, sagte das kleine Mädchen, “wir sind gut hier angekommen. Und es nahm seinen kleinen Prinzen an der Hand und zeigte ihm seine Heimat, den Garten und das Schloß.

“Schön ist es da!” rief der kleine Prinz. “Wir können

immer über den See hierher kommen, und wenn wir wollen, auch andere Leute mitnehmen?”

“Gewiß”, antwortete das kleine Mädchen. Und so spielten sie den ganzen Tag lang in ihrem Reiche. Und als die Sonne am Himmel sank, faßten sie einander wieder an ihren Händen, sprangen in den See und sanken immer tiefer, bis sie die Besinnung verloren. Als sie wieder zu sich kamen, lagen sie am Ufer des Sees im Schlosse des kleinen Prinzen.

Von nun an tauchten sie immer, wenn sie alleine waren, in den See, um am Ende des Sees in der Heimat des kleinen Mädchens unter dem Lebensbaum zu sitzen oder mit den Luftgeistern zu spielen. Und so lebten und teilten sie ihre Heimaten miteinander und niemand wußte, wie es kam, daß der kleine Prinz und das kleine Mädchen immer so glückliche Augen hatten und sich nie, wie die anderen Kinder, um irgendwelche Dinge zankten. Die beiden behielten ihr Geheimnis für sich. Niemand ahnte, daß es gerade das Teilen ihrer beiden Welten war, das sie so glücklich miteinander sein ließ.

Die Blumenelfe und die Raupe

Es war einmal eine kleine, zarte Blumenelfe, die sich sehr einsam fühlte und jemanden wünschte, mit dem sie ihre Freizeit teilen konnte. Eines Tages setzte sie sich unter ihre Blume, zupfte ein saftiges, grünes Gräslein aus und teilte ihren Wunsch auf einem großen Blatt dem Blumenkönig mit. Interessiert, so schrieb sie ihm mit zierlichen Buchstaben, wäre sie an einem schönen, bunten Schmetterling mit riesengroßen Flügeln, mit dem sie gemeinsam von Blume zu Blume fliegen könnte. Sie übergab ihren Blätterbrief einem Sonnenkäfer und bat ihn, diesen so schnell wie möglich dem Blumenkönig zu bringen. Wenige Tage später erhielt die Blumenelfe Antwort. Der Blumenkönig lud sie ein, in seinen Palast zu kommen. In ihrem schönsten Kleid, das seidige Elfenhaar lange gebürstet und mit Blumenblättern geschmückt, trat sie vor dem Blumenkönig. Er saß auf einem Rosenthron und blickte ihr freundlich entgegen.

"Schön, daß du gekommen bist, mein Elfenkind", lächelte er. "Ich habe deinen Wunsch gelesen und werde dir jetzt all die Freier vorstellen, deren Herz du höher schlagen läßt."

Die Blumenelfe hielt die Luft an und blickte erwartungsvoll auf die goldene Türe, die der Blumenkönig von zwei Elfendienern öffnen ließ. Aber was war das? Nicht ein einziger bunter Schmetterling flog herein, sondern eine Raupe nach der anderen kroch in den Königssaal. Die kleine, zarte Blumenelfe war ganz entsetzt. Der König aber sagte lächelnd: "Hier, suche dir eine von ihnen aus."

Die Blumenelfe schnappte empört nach Luft. "Aber ich will doch keine Raupe", platzte sie heraus. "Ich will einen schönen, bunten Schmetterling mit schönen, großen Flügeln haben, mit dem ich durch die Luft segeln kann. Raupen kann ich nicht ausstehen."

"Schade", sagte der König. "Du könntest einer Raupe dabei helfen, ein Schmetterling zu werden."

"Ich will aber keine Raupe!" rief die Blumenelfe. "Ich will gleich einen fertigen Schmetterling haben, zu dem ich aufblicken kann. Vor Raupen ekle ich mich."

Der König hob bedauernd die Schultern. "Wer die Raupe nicht will, bekommt auch keinen Schmetterling."

"Dann eben nicht", sagte die Blumenelfe trotzig, warf den Raupen einen vernichtenden Blick zu und verließ das Schloß.

Draußen empfing sie ein strahlender Sternenhimmel. Die Blumenelfe hockte sich auf einen Stein und grollte vor sich hin. Da sah sie, wie sich vom Sternenhimmel ein silberner Zauberteppich löste und herniederflog. Auf dem Zauberteppich stand ein Sternenkind: ein kleiner, blondgelockter Junge in einem himmelblauen Sternenmantel. Er hielt seinen fliegenden Teppich vor der Blumenelfe an.

"Warum so betrübt, kleine Blumenelfe?" fragte er.

"Sollte ich nicht?" antwortete die Blumenelfe. Und dann floß der ganze Ärger und der ganze Kummer aus ihr heraus, und sie erzählte dem Sternenkind, daß der Blumenkönig sie mit keinem Schmetterling, sondern mit einer widerlichen Raupe vermählen wollte.

Das Sternenkind tröstete sie. "Nimm es nicht so tragisch", sagte es. "Komm, flieg mit mir in meine Heimat. Mein Vater ist ein Magier und herrscht über den Planeten, auf dem wir leben. Er weiß sicher Rat für dich."

Die kleine Blumenelfe setzte sich auf den Teppich des Sternenkindes und flog mit ihm in das Reich des Magiers, wo sie überall freundlich empfangen wurde. Der Magier begrüßte sie, als hätte er sie schon erwartet. Und der Sternenjunge erzählte seinem Vater vom Kummer der Blumenelfe, die nur einen Schmetterling, aber keine Raupe liebhaben konnte.

Der Magier war weise und gütig und hörte aufmerksam zu. Dann nahm er die Blumenelfe bei der Hand und führte sie hinaus in seinen wunderschönen Blumengarten. Die Blumenelfe machte riesige Augen. Schmetterlinge, wunderschöne Schmetterlinge mit großen, farbenprächtigen Flügeln schaukelten von einer Blume zur anderen.

"Wie schön eure Schmetterlinge sind", flüsterte sie.

Der Magier beugte sich schmunzelnd zu ihr herab. "Welcher gefällt dir denn am besten", fragte er leise.

Die Blumenelfe zeigte, ohne zu zögern, auf den Schmetterling, der auf seinen riesengroßen, gelben Flügeln rote und grüne Pünktchen hatte und ihr so gut gefiel, daß ihr Elfenherz wie eine Buschtrommel zu klopfen begann.

"Der dort", flüsterte sie dem Magier ins Ohr. "Der dort mit den vielen Pünktchen."

"Willst du dir nicht einen noch schöneren aussuchen?" fragte der Magier lächelnd. "Vielleicht einen mit Kunstmalerei auf den Flügeln?" Aber die Blumenelfe schüttelte energisch den Kopf. "Nein, der mit den vielen Pünktchen ist mir schön genug", sagte sie.

Da sprach der Magier: "Gut, du sollst ihn bekommen."

Die Blumenelfe war außer sich vor Freude und schnappte nach Luft. "Wirklich?" fragte sie leise und fügte ein wenig bange flüsternd hinzu: "Ob der mich auch will?"

Der Magier lachte. "Oh, ja, der will schon", sagte er. "Soll ich dir ein Geheimnis verraten?" Die Blumenelfe nickte.

"Weißt du, wer dieser wunderschöne Schmetterling ist? Es ist die grüne Raupe, die heute beim König um dich geworben hat und die du so häßlich gefunden hast."

"Nein", rief die Blumenelfe entsetzt.

Der Magier ergriff ihre Hand und beruhigte sie.

"Schau dir diesen schönen Schmetterling nur an. Auf deinem Planeten ist er noch eine Raupe, aber mit deiner Hilfe würde er genau dieser Schmetterling werden, den du dir wünschst. Willst du ihm dazu verhelfen?"

Die Blumenelfe konnte ihren Blick von diesem schönen Schmetterling kaum abwenden. Sie hatte sich so sehr in ihn verliebt, daß sie ihn nie und nimmer missen wollte.

"Gut", sagte sie. "Ich will der Raupe helfen, dieser Schmetterling da zu werden." Da nahm sie der Magier in seine Arme und küßte sie. "Jetzt, kleine Elfe, hast du die Liebe entdeckt", lächelte er. Dann begleitete er die Blumenelfe zum fliegenden Teppich zurück, wo der Sternenjunge schon auf sie wartete.

"Flieg zurück auf die Erde", sprach der Magier. "Und

wenn du die grüne Raupe wiedertriffst, dann wirst du sie mit anderen Augen sehen.”

Und das Sternenkind flog mit der Blumenelfe auf die Erde und setzte sie unter einer Rose ab. Die Blumenelfe war so müde, daß sie sogleich einschlief.

Als sie erwachte, sah sie in einiger Entfernung unter einem Grashalm die Raupe sitzen.

“Guten Morgen”, lächelte die Blumenelfe der Raupe freundlich zu. “Willst du mir nicht ein wenig Gesellschaft leisten?” Und während sie sprach, konnte sie in der Raupe plötzlich den Schmetterling sehen. Die Raupe zog sich wie eine Zieharmonika zusammen.

“Ich getrau' mich nicht”, sagte sie. “Du magst doch keine Raupen.” Und sie wollte sich schnell in ein Loch verkriechen.

Da sprang die Blumenelfe auf, lief auf die Raupe zu und umarmte und küßte sie. “Sei mir nicht böse”, bat sie und drückte die Raupe an ihr Herz. “Ich sehe erst heute, wie liebenswert du bist.” Die Raupe verstand die Welt nicht mehr. Gestern noch ein vernichtender Blick. Und heute aus heiterem Himmel sogar ein Kuß. Sie faßte es nicht.

“Bin ich denn nicht eklig und häßlich?”

“O nein”, rief die Blumenelfe aus. “Ich habe heute Nacht gesehen, wie schön du in Wahrheit bist.”

Welch rätselhaftes Geschöpf doch diese Elfe ist, dachte die Raupe bei sich. Hatte sie doch nachts für alle Augen unsichtbar in einem leeren Schneckenhaus geschlafen. Nun, wie dieses Wunder auch geschehen sein mochte, sie wollte diese Gelegenheit beim Schopfe packen. Selbstbewußt streckte sie sich in die Länge.

"Dann darf ich um dich freien, ohne daß du mich wieder wegstößt?"

"Du darfst", lachte die Blumenelfe und herzte die grüne Raupe, als ob diese bereits ein Schmetterling wäre. Und dann geschah das Wunder. Als die Raupe sah, daß die Blumenelfe sie wirklich liebte, verwandelte sie sich in einen Schmetterling. Es war genau der, den die Blumenelfe auf dem Planeten des Magiers erblickt hatte. So hatte die Blumenelfe mit ihrer Liebe die Raupe zum Schmetterling erlöst, und beide wurden ein glückliches Paar.

WIE DIE WOLKE
ZU IHRER AUFGABE FAND

Es war einmal eine große, weiße Wolke, die sich weigerte, in Regentropfen auf die Erde zu fallen. "Ich mag nicht in Regentropfen auf die Erde", sprach sie trotzig zum Wind. "Mir gefällt es in der Luft, und mir gefällt es, mit den Vögeln um die Wette zu fliegen."

"Aber die Bäume", säuselte der Wind. "Die Bäume sind so durstig. Würden alle Wolken so denken wie du, müßten die Blumen sterben." "Was gehen mich die Blumen an", rief die große, weiße Wolke. "Ich will in die Lüfte fliegen, sollen die anderen Wolken sich um die Blumen kümmern."

Und sie ließ sich vom Wind weitertreiben und genoß ihren Flug. Der Wind überlegte, wohin er die Wolke treiben könnte, um sie von ihrer Selbstsucht zu heilen. Er blies sie also immer höher und immer weiter bis in das goldene Reich der Musen hinein. Vielleicht können sie die Musen, die ja den Quellen und dem Wasser überhaupt verbunden waren, heilen, dachte der Wind bei sich. Die Musen haben schon so manches Wunder vollbracht.

Der Wolke gefiel es im Reiche der Musen, nie zuvor hatte sie den Himmel so herrlich blau, die Sonne so strahlend und die Natur so farbenprächtig erlebt. Der Wind säuselte in leiser Musik, und die Blumen, Gräser und Bäume erzählten

einander Geschichten. Der Wolke machte es Freude, ihnen
zuzuhören. Am meisten entzückt aber war sie von den kleinen, geflügelten Musenkindern, die so eifrig damit beschäf-
tigt waren, all diese Geschichten, Erzählungen, Gedichte,
Romane und die Musik aus dem Säuseln des Windes in tausend wunderhübsche Geschenkpäckchen zu packen und
diese mit einem Kuß den hungrigen Dichtern, Erzählern und
Künstlern auf die Erde zu schicken. Die Wolke sah ihnen
eine Weile bei der Arbeit zu und ließ sich vom Wind weiter
und weiter treiben, bis sie über einen Garten flog, in dem
nur ein einziges Musenkind zu sehen war. Es kniete über einer
Blume und weinte. Die Wolke senkte sich ein wenig hernieder und fragte: "Warum weinst du?"

"Meine liebe Blume", schluchzte das Musenkind. "Schau,
wie sie den Kopf hängen läßt. Sie ist am Verdursten. Wenn ich
ihr mit meinen Tränen kein Wasser gebe, muß sie sterben."

Da empfand die Wolke zum ersten Mal in ihrem Leben
Mitleid. Tiefes Mitleid mit dem Musenkind und Mitleid mit
der Blume, und sie schämte sich dafür, daß erst die Tränen
eines Musenkindes sie an ihre Bestimmung erinnern mußten.

"Weine nicht länger, kleine Muse", sprach die Wolke. "Es
ist nicht deine Aufgabe, Blumen mit deinen Tränen des Mit-
leids vor dem Tode zu erretten. Es ist meine Aufgabe, den
Blumen Wasser zu schenken." Nach diesen Worten löste sich
die Wolke in Wassertropfen auf und goß sich auf die durstige
Blume hernieder. Die Muse aber trocknete ihre Tränen.

"Hab' Dank, liebe Wolke", sagte sie lächelnd, als sie sah,
wie sich die Blume nach dem Regenguß erfrisch aufrichtete.
"Dafür sollst du glücklich im Herzen meiner Blume weiter-
leben." Und sie beugte sich über die Blume und küßte sie.

"Ich danke dir", sprach die Wolke aus dem Herzen der Blume heraus. "Du hast mir gezeigt, daß es kein größeres Glück für eine Wolke gibt, als in einem Blumenherzen seine schönste Heimat zu finden und sie voll zum Erblühen zu bringen. Ich kann ihre Blätter aufrichten, ihren Kelch zum Öffnen bringen, ich kann sie in ihrer schönsten Farbenpracht im Winde schaukeln lassen und die Freude, die sie an ihrem Dasein empfindet, mit ihr mitempfinden. Ich kann, indem ich meine wahre Bestimmung gefunden habe, das Schicksal dieser Blume hier zu einem glücklichen mitgestalten. Und darum sage ich Dank, meine liebe Muse, denn du hast mir geholfen, meinem Dasein den höchsten Sinn und das größte Glück abzugewinnen."

Die stumme Prinzessin und das Einhorn

Es war einmal eine kleine Prinzessin, die alles besaß, was ihr Herz begehrte. Doch sie besaß keine Stimme zum Sprechen, und so konnte sie anderen nie mitteilen, was sie dachte und fühlte. Um die stumme Prinzessin zu unterhalten, kamen am Nachmittag und am Abend viele Geschichtenerzähler, und die Prinzessin lauschte mit Herz und Ohr ihren Geschichten. Am Vormittag kamen Lehrer und unterwiesen sie in der Kunst des Schreibens. Und die Prinzessin war wie ein Schwamm. Begierig sog sie auf, was ihr geboten wurde zum Lernen und zur Unterhaltung; aber niemals konnte sie von dem, was sie aufnahm, auch nur etwas wiedergeben. So wurde sie an den vielen Schätzen, die ihr Geist und ihre Seele anhäuften, mit den Jahren immer reicher und war doch im Grunde genommen ärmer als ihre einfältigsten Dienstboten, weil ihr die Sprache und die Stimme fehlte, um auch nur ein einziges Wort von dem Reichtum, den sie in sich trug, den anderen weiterzugeben.

So wuchs die Prinzessin heran, wurde schön, anmutig und innerlich reich und blieb doch stumm wie ein Fisch. Der zunehmende innere Reichtum drückte der Prinzessin mehr und mehr auf die Seele. Tausenderlei Gefühle und Gedanken lagen unausgesprochen in ihrem Herzen und wurden allmählich schwer wie die Steine, und die Prinzessin verlor ihr liebes Lächeln, verlor ihre Freude an den Geschichtenerzählern und an ihren Lehrern, weil ihre Seele so voll geworden war und sie niemals die Möglichkeit hatte, sich mit ein paar Worten zu erleichtern.

Das ganze Königreich war besorgt um die stumme und nun so traurig gewordene, schöne Prinzessin. Und so beschloß der König, die Königstochter mit einigen Dienern und Dienerinnen auf die Reise zu schicken, damit sie sich die Welt ein wenig ansehen könne und auf andere Gedanken käme.

In einem prachtvollen Pferdegespann fuhren die Diener mit der Prinzessin los. Der erste Weg führte sie über eine Landstraße in einen dichten Wald. In diesem Wald hausten Räuber. Als sie das Pferdegespann der Königstochter sahen, stürzten sie in Scharen herbei, erschlugen Diener und Leibwächter und stahlen alles, was sie in den Wagen finden konnten. Der Prinzessin jedoch war es als einzig Überlebender gelungen, im Tumult unbemerkt zu entkommen, und sie flüchtete in den Wald.

Zum ersten Mal in ihrem Leben war sie allein und erlebte eine Verzweiflung, wie sie sie noch nie zuvor erfahren hatte. Wäre sie mit dieser Verzweiflung in ihrem Schloß gewesen, wäre sie tatenlos in sie versunken und hätte sich von ihren Dienerinnen alles, was sie zum Überleben brauchte, bringen lassen. Nun aber stand ihrer Verzweiflung der Wunsch zum Überleben gegenüber. Und weil sie niemanden hatte, der ihr das Essen auf goldenen Schüsseln vorsetzte, begann sie nach Beeren zu suchen. Alsbald war sie so versunken in ihre Beerensuche, daß sie ganz und gar ihre Verzweiflung vergaß. Jede

Beere, die sie selbst fand, erfüllte sie mit neuem Lebensmut, ja, sogar mit Hoffnung und so etwas wie Freude. Sie machte die Erfahrung, daß sie ihre Dienerinnen und das ganze Königsschloß zum Überleben gar nicht brauchte. Sie fand nicht nur süße Beeren, sie fand auch Pilze, die nicht weniger köstlich schmeckten. So endete der Tag, der für die Prinzessin so aufregend und traurig begonnen hatte, doch mit einem Silberhorizont am Himmel.

Müde von ihrer Suche, schlief die Prinzessin im Wald noch vor Anbruch der Dunkelheit ein und erwachte am Morgen frisch und ausgeschlafen durch das Gezwitscher der Vögel. Sie stillte ihren Hunger mit frischen Waldbeeren und stieß plötzlich auf einen Spiegel, den sie auf einer Wiese liegen sah. Sie hob ihn hoch und blickte hinein. Aber zu ihrer großen Überraschung sah ihr nicht ihr eigenes Spiegelbild entgegen, sie sah in diesem Spiegel ein strahlendes Einhorn in einer wunderschönen Zauberlandschaft vor einem Sonnentor stehen.

"Guten Morgen, schöne Prinzessin", sprach das Einhorn aus dem Spiegel. "Es ist ein großes Glück, daß du meinen Spiegel gefunden hast. Wenn du dich aufmachst, mich zu suchen, dann wirst du so hohen Lohn erhalten, wie du es dir jetzt noch nicht vorstellen kannst und wie ihn nur wenige Menschen bekommen."

Und dann verschwand das Einhorn aus dem Spiegel und die Prinzessin sah eine alte Hütte im Spiegelbild, vor der ein alter Mann hockte und eine Harfe spielte. Alsbald verschwand auch dieses Bild wieder. "Ach", dachte die Prinzessin, "wenn ich nur wüßte, wo ich das Einhorn finden kann", und sie machte sich weiter auf den Weg. Da kam sie genau zu der Hütte, die sie im Spiegel gesehen hatte. Davor saß tatsächlich ein Mann, der eine Harfe spielte. Als er die Prinzessin sah, unterbrach er das Spiel und begrüßte sie. "Was führt dich in den Wald, schönes Kind?" fragte er die Prinzessin. Doch diese deutete ihm, daß sie stumm sei und trat zur Harfe, um mit ihren Fingern die Saiten zum Schwingen zu bringen. Das machte ihr Freude.

"Stumm bist du also", sagte der alte Mann. "Armes Kind, wenn du willst, kannst du bei mir ein Weilchen bleiben. Vielleicht stellst du dich geschickt an und kannst das Spiel der Harfe erlernen. Dann könntest du dich wenigstens mit der Harfe den anderen mitteilen und dir vielleicht sogar einmal das Brot damit verdienen. Willst du?" Die Prinzessin nickte begeistert unddachte, daß dies wohl wunderschön wäre, und so blieb sie bei dem alten Mann, lernte mit geschickten Fingern so vortrefflich das Spiel der Harfe, daß der alte Mann nur so staunte.

Eines Tages sagte er zur Prinzessin: "Mein Kind, ich habe dir alles beigebracht, was ich kann. Du hast so schnell gelernt, wie nie ein Schüler je zuvor. Nimm meine zweite Harfe und ziehe deines Weges weiter."

Die stumme Prinzessin fiel ihrem Lehrer, den sie liebgewonnen hatte, als Dank für seine Hilfe um den Hals. Dann zog sie ihres Weges weiter, um das Einhorn zu suchen. Sie durchschritt mit ihrer Harfe und dem Spiegel den Wald und kam zu einer Lichtung. Dort setzte sich die Prinzessin zu ihrer Harfe und spielte, und während sie so spielte, verwandelte sich der Wald und alles ringsumher in die Zauberlandschaft, die sie in ihrem Spiegel erblickt hatte. Und die Sonne verwandelte sich in ein Sonnentor, das sich öffnete und aus dem

das strahlend weiße Einhorn trat und auf einem Sonnen-
strahl, der bis zur Erde reichte, herabschwebte. Und dann
stand es vor der Prinzessin und sprach: "Nun sollst du deinen Lohn erhalten dafür, daß du dich aufgemacht hast, mich
zu suchen. Ich schenke dir eine wunderschöne menschliche
Stimme, mit der du dein Königreich bezaubern wirst." Und
das Einhorn legte der Prinzessin neue Kleider auf die Wiese
und sprach weiter: "Ziehe diese Kleider an und kehre zurück
in dein Heimatland. Dort gehe zum König und biete ihm,
ohne dich als seine Tochter zu erkennen zu geben, für einen
Abend das Spiel deiner Harfe an und singe dazu ein Lied.
Nun lebe wohl und denke daran, daß ich immer mit und in
dir bin und daß du mich immer rufen kannst, wenn du in
Not bist." Nach diesen Worten verschwand die Zauberlandschaft mit dem Sonnentor und dem Einhorn.

"Aber!" rief die Prinzessin. "Wie soll ich denn ein Lied
singen, ich bin doch ..... " Aber da erschrak sie vom Klang
ihrer eigenen Stimme. Das war ihre Stimme? Sie hatte eine
Stimme? Sie begann laut zu sprechen und konnte es gar nicht
fassen. Diese strahlend schöne Stimme gehörte ihr. Und ein
Lied sollte sie singen?

Sie versuchte zu singen und konnte es immer noch kaum
fassen. Sie konnte singen, wunderschön singen. So schön wie
die Nachtigall. Und plötzlich hatte sie nur noch einen
Wunsch, heim in ihr Königreich, zu ihren Lieben, zu ihrem
Volke zu kommen.

"Oh, wie die staunen werden!" Die Prinzessin schlüpfte
in die neuen Kleider und machte sich sogleich auf den Weg.
Nach langer Tage Marsch hatte sie endlich den Wald hinter
sich gelassen und wurde von einem Pferdefuhrwerk das letzte

Stück bis in die Stadt, wo das Schloß ihres Vaters stand, mitgenommen.

Der Fuhrmann erzählte, daß im Land seit zwei Jahren Trauer um die verschwundene stumme Prinzessin herrschte, und die Prinzessin konnte es kaum erwarten, nach Hause zu kommen.

Im Schloß gab sie sich als Harfenspielerin aus und bat, dem König einen Abend spielen zu dürfen. Der König und die Königin waren sehr froh über die Abwechslung, zumal sie noch sehr unter dem Verlust ihrer Tochter litten. Doch wie sehr staunten sie, als sie sahen, wie ähnlich die Harfenspielerin ihrer Tochter sah.

"Wenn sie nicht sprechen könnte, würde man meinen, sie wäre unsere Tochter", flüsterte der König der Königin zu. Und dann begann die Prinzessin zu spielen und zu singen, und sie sang ein Lied von einer stummen Prinzessin, die im Wald den Räubern entkommen war und auf der Suche nach dem Einhorn das Harfenspiel erlernt und ihre Stimme wieder gefunden hatte. Und als der König und die Königin das Lied hörten, da erkannten sie plötzlich ihre Tochter wieder und weinten vor Glück und Freude. Kaum hatte die Prinzessin ihr Lied geendet, da brach ein Jubel los, wie es das ganze Schloß noch nie erlebt hatte. Denn alle hatten ihre stumme Prinzessin wiedererkannt. Und als das Volk erfuhr, daß die stumme Prinzessin singend und harfespielend heimgekehrt war, stimmte das ganze Land in den Jubel des Schlosses mit ein. Die Prinzessin aber freute sich, daß gerade sie mit ihrer Suche nach dem Einhorn und ihrer wiedergefundenen Stimme ihrem ganzen Volk den Glauben an das wahre Wunder schenken durfte.

Der Wildente
Reise ins Paradies

Es war einmal eine Wildente, die sich gerne aus ihrer Entenschar entfernte, um auf Entdeckungsreisen zu gehen. Die anderen Enten sahen dies gar nicht gerne und warnten sie, denn es war nicht ungefährlich für eine Wildente, ganz allein irgendwohin zu schwimmen, zu watscheln oder zu fliegen. Die neugierige Wildente ließ sich jedoch nicht zurückhalten. Auch der Enterich, mit dem sie vor einem Jahr Hochzeit gehalten hatte, konnte bei ihr nichts ausrichten. Er konnte schnattern, was er wollte, er stieß bei seiner Wildente auf taube Ohren. Immer war sie irgendwo unterwegs, erforschte und entdeckte etwas und kam dann zu ihrem Teich zurück, wo sie den anderen Enten von ihren Abenteuern und Entdeckungsreisen erzählte. Es war schön, ihrem Geschnatter zuzuhören, denn sie sah, wußte und erlebte mehr als alle anderen. Aber manchmal trieb es den Enten, und vor allem dem Enterich, beim Zuhören den Angstschweiß auf die Schnäbel. Denn manchmal war die unternehmungslustige Wildente nur mit knapper Müh' und Not ihrem Untergang entronnen. Sei es, daß die Kugel eines Gewehres nur ihre Schwanzspitze gestreift hatte oder sie nur mit knapper Müh' und Not dem Zuschnappen eines Fuchses entrinnen konnte. Aber all diese Gefahren hatten sie nicht etwa ängstlich, sondern nur noch mutiger und abenteuerlustiger gemacht. War ihr doch am Ende ja nichts passiert. Der arme Enterich hatte schon Alpträume, wenn seine Wildente den Teich verließ, denn er liebte sie sehr und wollte sie nicht verlieren.

Eines Tages träumte die Wildente, daß sie über dem Licht eines großen Kerzenmeeres ins Paradies flog und zu einem Wasserfall kam, dessen Wasser aus den puren Strahlen der Sonne erstrahlte. In diesen Strahlen tanzte eine goldschillernde Nixe mit wunderbar langen, blonden Haaren auf und nieder und sang dazu. Als die Wildente erwachte, war sie wie verzaubert von ihrem Traum. Der Blick ihrer Entenaugen richtete sich verklärt in die Ferne, und sie war zunächst kaum ansprechbar.

"Was ist los mit dir", fragte der Enterich. Aber die Ente wollte ihren Traum nicht ausschnattern. Erst als alle anderen Enten auch in sie drangen, erzählte sie, was sie geträumt hatte.

"Das Paradies war so wunderschön", schnatterte sie, "daß ich euch jetzt alle verlassen werde, um es zu suchen."

Die Enten waren darüber alle entsetzt und der Enterich begann dicke Tränen zu schluchzen. "Nein", schnatterte er schluchzend. "So weit lassen wir dich nicht fort."

Aber die Wildente hörte nicht auf das Geschnatter der anderen Wildenten. Sie war so erfüllt von Sehnsucht nach dem Paradies, daß sie ihre Flügel ausbreitete und in die Luft flog. Und sie flog und flog, bis sie irgendwann ganz erschöpft in eines der Felder sank und einschlief.

Als sie erwachte, stand der Mond groß und silbern hoch am Himmel. Die Wildente hob den Kopf.

"Wo mag ich jetzt nur sein", flüsterte sie. "Und wie weit von mir mag noch das Paradies liegen?"

Und sie breitete ihre Flügel aus, um weiterzufliegen. Aber was war das? Sie war kraftlos von dem langen Flug und ihre Flügel schienen lahm geworden zu sein. Die Wildente blickte traurig zum Mond und zu den Sternen empor und flüsterte: "So komme ich wohl niemals ins Paradies."

Und sie dachte an die Enten in ihrem Teich und an ihren Enterich, der sie nicht hatte ziehen lassen wollen, und es war ihr, als ob sie ihre Heimat und ihre Freunde und auch das Paradies verloren hätte. Nie zuvor hatte sie sich so einsam, so verlassen und hilflos gefühlt wie in diesem Augenblick. Sie blickte zu den Sternen empor und drehte sich auf den Rücken. Da plötzlich löste sich aus dem Sternenhimmel ein schneeweißer, strahlender Schwan. Majestätisch flog er vor den Augen der staunenden Wildente zur Erde hernieder, bis er im Feld neben ihr stand.

"Wer bist du?" fragte die Wildente den strahlenden Schwan.

"Ich bin der Schwan aus dem Fluß des Paradieses, von dem du geträumt hast. Ich bin gekommen, dich bei deinem Flug ins Paradies zu begleiten."

"Aber", flüsterte die Wildente, "siehst du nicht, daß ich kraftlos bin und meine Flügel lahm sind? Ich kann doch gar nicht mehr fliegen "

"Doch", lächelte der Schwan. "Gleich wirst du wieder fliegen können. Schließe deine Augen. Ich will meine weißen Flügel wie einen Mantel um dich ausbreiten."

Und die Wildente schloß ihre Augen, und der Schwan breitete seine Flügel um sie aus, und da fühlte sie, wie neue

Kräfte sie durchpulsten und wie sie sich immer leichter und leichter fühlte. Nie zuvor hatte sie sich so leicht und so wohl gefühlt wie in diesem Augenblick. Und ehe sie wußte, wie ihr geschah, flog sie mit dem weißen Schwan über die Lichter eines Kerzenmeeres, bis sie das Paradies erreichten, von dem sie geträumt hatte. Genau vor dem Wasserfall aus den Sonnenstrahlen, in dem eine goldene Nixe tanzte, ließ sich der Schwan mit der Wildente nieder.

"Oh, wie schön ist es hier", rief die Wildente. "Und wie leicht und wohl ich mich fühle!"

"Nun", sagte der weiße Schwan, "du kannst einen ganzen Tag lang hierbleiben und dich an all den Dingen hier erfreuen, und wenn der Tag zu Ende ist, dann komme ich wieder, um dich zu fragen, ob du für immer hierbleiben willst oder ob du zurück zu dem Teich, zu deinen Enten und dem Enterich fliegen möchtest."

Nach diesen Worten verschwand der weiße Schwan, und die Wildente spielte mit der tanzenden Nixe und flog durch die Lichterstrahlen des Himmels und war so glücklich wie nie zuvor in ihrem Dasein. Und als sich der Tag dem Ende zuneigte, kam der weiße Schwan, um sie zu fragen, ob sie im Paradies bleiben oder zu ihrem Teich heimkehren möchte. Da wurde die Wildente sehr nachdenklich. Der weiße Schwan holte plötzlich einen Spiegel aus dem Wasser und hielt ihn vor die Augen der Wildente.

"Hier", sagte er, "kannst du deinen Ententeich erblicken und deinen Enterich. Du siehst, wie traurig er ohne dich ist. Auch die anderen Enten vermissen dich, denn du hattest ihnen immer so viel zu erzählen, und sie haben sehr viel gelernt von dir."

Und die Wildente wurde immer nachdenklicher und dachte daran, welch’ wunderbare Dinge sie jetzt erst ihren Enten mitteilen konnte, da sie das Paradies selbst gesehen hatte, und wie sehr sich alle Enten freuen würden, wenn sie zu ihnen zurückkehrte.

“Ich habe mich entschieden”, sprach sie zu dem weißen Schwan. “Ich will zu den Meinen zurückkehren und bei ihnen bleiben, solange sie mich brauchen, und ihnen vom Paradies erzählen, und eines Tages fliegen wir dann alle gemeinsam hierher.”

Da lächelte der weiße Schwan und freute sich: “Ich wußte”, sprach er, “daß du dich so entscheiden würdest. Daß du die Glückseligkeit nicht nur für dich alleine, sondern auch für all die anderen Enten haben willst. Komm, ich geleite dich zurück.” Und er flog zur selben Stunde mit der Wildente aus dem Paradies und brachte sie in die Nähe ihres Teiches. “Von hier aus findest du leichter heim”, sagte er, sich verabschiedend. “Wir sehen uns gewiß eines Tages wieder.”

Und die Wildente flog zu ihren Freunden und zu ihrem Enterich zurück, wo sie mit großer Freude empfangen wurde.

“Wo warst du denn so lange?” fragte sie der Enterich, der vor Kummer kaum hatte fressen wollen.

“Das will ich dir und euch allen gleich erzählen”, schnatterte die Wildente. “Aber zuvor verspreche ich euch, daß ich nie mehr auf eine so große Entdeckungsreise gehen werde. Denn was ich entdeckt habe, ist das Schönste und Höchste, was eine Wildente entdecken kann. Ich habe das Paradies entdeckt.” Und dann begann sie, den staunenden Enten allen von ihrer Reise ins Paradies und dem weißen Schwan zu erzählen.

DER SCHLANGENBESCHWÖRER

Es war einmal ein armer Junge, der von seinen Eltern an einen hartherzigen Mann verkauft worden war, der viele arme Kinder aufkaufte, um sie zum Betteln auf die Straße zu schicken. Brachten die Kinder kein Geld nach Hause, schlug er sie grün und blau. Der arme Junge war schon seit seiner allerfrühesten Kindheit in dem Dienst des hartherzigen Mannes, und sein Körper war über und über voller Narben, die von Schlägen herrührten, die ihm sein Betteldienstherr zugefügt hatte.

Eines Tages aber schlug er Saramo, so hieß der Junge, so heftig, daß dieser unter der Wucht der Schläge blutüberströmt zusammenbrach und das Bewußtsein verlor. Als er wieder erwachte, lag er an einer menschenleeren Straßenecke und sah, wie die sinkende Abendsonne der Bergspitze zurollte. Saramo, dem in diesem Augenblick die Erbärmlichkeit seines ganzen Daseins bewußt wurde, richtete sich auf und rief: "O du meine Sonne! Du bist die Herrin des Himmels! Siehe, wie mein Bettelherr mich zusammengeschlagen hat. Wenn ich daran sterben sollte, dann möge sich all der Haß, den ich für meinen Herrn empfinde, in tausend giftige Schlangen verwandeln und ihn tausend qualvolle Tode sterben lassen!"

Kaum hatte der Betteljunge dies ausgesprochen, fiel er zurück in seine Bewußtlosigkeit. Wie lange diese gedauert hatte, wußte er nicht. Aber als er wieder erwachte, lag er auf einer wunderschönen Blumenwiese, und ein kleines Sternenkind mit großen strahlenden Augen und einem glänzenden Sternenkleid war über ihn gebeugt und labte seine Wunde.

"Wer bist du?" fragte Saramo. Das Sternenmädchen tupfte lächelnd seine Wunde ab. "Ich bin dir von deinem Stern geschickt worden, um dich gesund zu pflegen." Und es strich Saramo über das Haar. Saramo war überwältigt. Nie zuvor hatte ihm jemand über das Haar gestrichen oder seine Wunden gelabt, und ein seltsames Gefühl überwältigte ihn jetzt. Ein Gefühl, wie er es in diesem Maße noch nie erlebt hatte. Es war die Liebe.

Das Sternenmädchen brachte ihm alsbald köstliche Früchte zum Essen und frisches, klares Wasser zum Trinken, und Saramo erholte sich zusehends rasch von seinen Verletzungen. Viele Tage wurde er von seinem Sternenmädchen auf der blumenbunten lieblichen Wiese betreut, von der er selbst nicht wußte, wo sie lag. Und seine Liebe zu dem Sternenmädchen wuchs von Tag zu Tag. Eines Tages aber war Saramo geheilt.

"Nun", sagte das Sternenmädchen, "muß ich dich bald verlassen, denn du bist gesund."

"O nein!" rief Saramo. "Du darfst mich nie verlassen, denn du bist das einzige Wesen, das ich liebe!"

Das Sternenmädchen lächelte: "Wenn deine Liebe zu mir echt ist, dann werden wir uns wiederfinden. Komm, der heutige Tag ist uns noch geschenkt. Ich will dir etwas zeigen."

Und das Sternenmädchen nahm Saramo bei der Hand und führte ihn über eine Wiese, bis sie zu einem Wald kamen. "Wir müssen noch ein Stück durch den Wald gehen, dann sind wir da."

Als sie eine Weile gegangen waren, kamen sie zu einer Höhle.

"Komm", sagte das Sternenmädchen. "ich zeige dir etwas." Und es führte Saramo in die Höhle hinein, bis sie zu einer eisernen Türe kamen, die es öffnete. Saramo prallte entsetzt zurück. Die ganze Höhle war gefüllt mit tausenderlei Schlangen. Riesenschlangen, Giftschlangen, Klapperschlangen.

"Der Himmel sei mir gnädig!" rief Saramo. "Mach schnell die Türe zu, sonst müssen wir sterben!"

"O nein", sagte das Sternenmädchen. "Solange ich bei dir bin, kann dir nichts geschehen. Sieh dir diese Schlangen nur gut an. All diese Schlangen sind der Haß, den du für deinen Bettelherrn empfindest. Sie würden dazu reichen, eine ganze Stadt umzubringen."

"Mein Haß", flüsterte Saramo entsetzt. Das Sternenkind nickte.

"Ja", sagte es. "Jedes Mal, wenn er dich schlug oder ein Mensch dich mit Füßen trat, wenn man dir kein Bettelgeld gab und du deswegen wieder geschlagen wurdest, wurde eine Schlange geboren. O, natürlich haßt du nicht nur deinen Bettelherrn allein. Du haßt auch all die Menschen, die dir nichts in deine Bettelschale warfen, denn sie trugen dazu bei, daß dein Bettelherr dich wieder schlug. Hast du ihnen nicht oft Flüche nachgezischt?"

Saramo dachte nach und nickte betreten.

"Und", so fuhr das Sternenmädchen fort, "würdest du ihnen nicht auch gerne eine Giftschlange um den Hals legen, den Reichen, die achtlos, deine Not übersehend, an dir vorübergegangen sind?"

Saramo dachte wieder nach und nickte.

"Nun", sagte das Sternenmädchen, "hast du gesehen, wie dein Haß aussieht. Komm jetzt, ich will dich weiterführen."

Und es nahm Saramo bei der Hand, verließ mit ihm die Schlangenhöhle und lief weiter durch den Wald, bis sie wieder zu einer Höhle kamen, deren Gänge sie entlangkrochen. Und wieder standen sie vor einer Eisentüre, die das Sternenmädchen öffnete. Und Saramo erstarrte zum zweiten Mal. Diesmal jedoch nicht vor Entsetzen, diesmal erstarrte er vor Entzücken. Der Raum dieser Höhle erstrahlte in hellem Lichterglanz und war mit tausenderlei kostbaren Edelsteinen gefüllt. "Das", lächelte das Sternenmädchen, "das hier ist die Liebe, die du für mich empfindest. Mit dieser Liebe kannst du einst ein wohlhabender und sogar reicher Mann werden. Es kommt ganz darauf an, ob deine Liebe größer ist als der Haß oder dein Haß größer als die Liebe. Wenn du deine Schlangen einsetzt, um zu töten, dann wirst du dein Leben arm und elend dahinvegetieren und wirst dich am Ende selbst zugrunde richten. Bist du mit deiner Liebe zu mir stärker als all diese Schlangen, dann machst du dir diese Schlangen untertan. Dann kannst du dir die Schlangen holen, aber nicht, um sie zu töten oder töten zu lassen, nein, um sie tanzen zu lassen und die Leute damit zu unterhalten, sie zu amüsieren und ihnen hin und wieder auch ein wenig Gänsehaut über den Rücken zu jagen. Wenn du dich als Herr über die Schlangen erweist und sie weise mit Liebe einsetzt, dann werden sie dich sogar ernähren. Dann werden sie dir all diese Edelsteine bringen, die du in dieser Höhle siehst.”

Saramo hatte dem Sternenmädchen aufmerksam zugehört.

“Du meinst, ich soll nicht einmal meinem Bettelherrn, der mich so oft zusammengeschlagen hat, eine Giftschlange in sein Bett legen?”

“Es steht dir frei, zu handeln, wie du willst. Aber wenn du auch nur einen Menschen mit deiner Schlange tötest, dann hast du all deine Edelsteine verloren.”

“Und wohl auch dich”, sagte Saramo und sah das Sternenmädchen liebevoll an.

Es nickte. “Auch mich”, antwortete es.

“Dann will ich nie und nimmer auch nur eine einzige meiner Schlangen zum Töten einsetzen.”

Da reichte ihm das Sternenmädchen eine Flöte. “Nimm die Flöte. Auf ihr kannst du all deine Schlangen immer wieder aufs Neue besiegen. Mich wirst du einst wiederfinden, und dann werden wir für immer beisammen bleiben.”

Dann führte das Sternenmädchen Saramo aus der Höhle und ging mit ihm zur Schlangenhöhle zurück, vor deren Eingang nun ein Korb stand.

“Nimm diesen Korb”, sagte das Sternenmädchen, “und hole dir ein paar Schlangen heraus. Dann kehre damit in die Stadt zurück.”

Und Saramo ging mutig in die Schlangenhöhle hinein, ergriff einige der Gift- und Klapperschlangen und tat sie in einen Korb. Vor der Höhle umarmte ihn das Sternenmädchen noch einmal, und wünschte ihm viel Glück auf seinem Lebensweg und verschwand.

Saramo aber saß plötzlich auf dem Platz, auf dem er einst das Bewußtsein verloren hatte. Erstaunt sah er an sich herunter. Er trug ein schönes Gewand. Neben ihm stand ein Korb und lag eine Flöte. So schnell er konnte, lief er mit dem Korb und der Flöte auf den Markt, öffnete seinen Korb und begann, die Flöte zu spielen. Und seine Schlangen tanzten, und die Leute umkreisten und bewunderten ihn. Sie lachten, scherzten, amüsierten und fürchteten sich auch ein wenig und warfen ihm ihre Münzen zu, und Saramo sah, daß er mit dem Schlangenbeschwören ein gutes Geschäft machte. Er wuchs heran und wurde bald in Stadt und Land ein überall bekannter angesehener junger Mann, der sehr beliebt, aber auch ein wenig gefürchtet war, obwohl er all seine Schlangen nur weise einsetzte und sie nichts anderes tun ließ, als zu seiner Flöte zu tanzen.

Eines Tages aber stand ein Mädchen vor ihm und lächelte ihn an. Saramo versank in ihren Blick, bis er die Seele des Mädchens erblicken konnte. Und in der Seele des Mädchens erkannte er sein Sternenmädchen wieder. Da wußte er, daß er es wiedergefunden hatte und von nun an seinen Lebensweg zusammen mit seinem Sternenmädchen gehen würde.

Der Fischer und die Nixe

Es war einmal eine Nixe, die lebte in einem gläsernen Palast auf dem Meeresgrund, und sie war die einzige Nixe weit und breit. Diese Nixe besaß einen Spiegel. In diesem Spiegel konnte sie die Menschen beobachten und vertrieb sich die Zeit damit. Sie fühlte sich oft einsam in ihrem gläsernen Palast und litt darunter, daß sie weder Mensch noch Fisch war und sich weder mit Menschen noch mit Fischen paaren konnte.

Eines Tages sah sie in ihrem Spiegel einen jungen Fischer, der allein mit seinem Boot auf das Meer hinaus ruderte. Und je länger ihm die Nixe in ihrem Spiegel beim Rudern zusah, desto lieber gewann sie ihn.

"Ich werde mich ihm zeigen", sagte sie sich. "Vielleicht gefalle ich ihm." Und sie tauchte aus den Fluten empor, gerade vor dem Boot des Fischers. Dieser war ganz entzückt, als er das anmutige Wesen sah.

"Was machst denn du so weit draußen im Meer?" fragte er, denn im ersten Moment konnte er nicht erkennen, daß es eine Nixe war.

"Oh", hauchte die Nixe, die sich nicht als eine solche zu erkennen geben wollte. "Mein Schiff ist untergegangen, und ein Delphin hat mich gerettet."

"So komm in mein Boot!" rief der Fischer und hielt der Nixe seine Hand hin. Da aber gab sie sich rasch als Nixe zu erkennen. "Sei mir nicht böse", sagte sie. "Ich habe geschwindelt. Ich bin in Wahrheit eine Nixe."

"Eine Nixe!" rief der Fischer aus. "Noch nie bin ich einem so reizvollen Wesen begegnet."

"Reizvoll", seufzte die Nixe. "Du würdest mich bald nicht mehr reizvoll finden. Schau mich doch an. Ich bin weder Frau noch Fisch."

"Und wenn schon!" rief der Fischer. "Nie zuvor ist mir ein Wesen so begehrenswert wie du erschienen. Schenk mir einen Kuß", bettelte er. "Nur einen Kuß."

"Wenn dir das genug ist", sagte die Nixe. "Den sollst du haben." Und sie hielt sich am Rande des Bootes fest und bot dem Fischer ihren roten Mund zum Kosen. Doch kaum hatte der Fischer mit seinen Lippen von den süßen Lippen der Nixe genippt, war es um ihn geschehen. Er entbrannte in tiefer Liebe und Leidenschaft zu ihr und wollte nicht aufhören, ihren Mund zu kosen. Lange ließ ihn die Nixe gewähren, dann löste sie sich von ihm und sagte: "Armer Fischer, sieh mich an. Nie und nimmer kann ich unser beider Leidenschaft stillen und dir eine Frau sein, denn mein Fischleib hindert mich daran."

Nun aber war der Fischer so heiß entbrannt, daß er von der Nixe nicht mehr lassen wollte. "Komm in mein Boot", sagte er. "Ich will dich in meine Hütte bringen und immer bei mir haben."

"Auch wenn ich dir nur ein halbes Weib sein kann?" fragte die Nixe. "Allein in deiner Nähe leben und leiden zu dürfen, schenkt mir Glück. Denn ohne dich würde ich jetzt nur noch

leiden. Aber dich in meinen Armen zu halten und zu lieb-
kosen, gibt mir mehr, als dich ganz zu verlieren."

"Gut", sagte die Nixe. "Wenn du es ertragen kannst, will
ich mit dir kommen." Und der Fischer hob die Nixe in sein
Boot und brachte sie in seine Hütte. Dort legte er sie auf sein
Bett. "Gibt es nicht doch einen Weg, dich von deinem
Fischleib zu erlösen?" fragte er.

"Doch", antwortete die Nixe. "Den gibt es. Aber ich weiß
nicht, ob du die Kraft hast, diesen Weg zu gehen."

"Ich will es versuchen", sagte er.

"Du mußt bereit sein, das zu opfern, was du außer mir
am meisten liebst."

Der Fischer dachte nach. "Dann muß ich für dich sterben", sagte er. "Denn außer dich liebe ich nur noch mein
Leben am meisten." Die Nixe schwieg

"Ja", sagte der Fischer. "Ich will dir beweisen, daß du mir
so lieb wie mein Leben bist. Entweder ich erlöse dich damit,
oder ich sterbe für dich." Die Nixe schwieg noch immer.

In der Nacht donnerte und blitzte es. Der Fischer machte
sich daran, die Hütte zu verlassen. "Ich will mein Boot nehmen und hinaus auf's Meer rudern, die hohen Wellen werden mich verschlingen. Oder sie werden mich nicht verschlingen und du wirst erlöst sein."

Der Fischer drückte seine Nixe, die stumm und bleich
auf dem Bett lag, zum Abschied noch einmal fest an sich. "So
leb denn wohl, meine Nixe. Und so es das Schicksal will, auf
ein Wiedersehen als mein ganzes Weib."

Und er trat hinaus in die stürmende Nacht und schritt
hinunter zum Meer, das tobte und brauste. Er band das Boot
los. Er stieg hinein und wollte sich eben von den haushohen

Wellen fortspülen lassen, da rief ihn eine vertraute Stimme. "Halt! Steig aus!" Der Fischer wandte sich um und sprang in der letzten Minute aus dem Boot, das eine haushohe Welle wegriß, und traute seinen Augen nicht. Da stand im Sturm seine Nixe als ganzes Weib auf zwei Beinen.

"Dein Opfermut hat mir deine Liebe bewiesen und hat mich von meinem Fischleib erlöst", lächelte sie. "Du hast deine Prüfung bestanden. Da nahm der Fischer seine erlöste Nixe zum ersten Mal als sein ganzes Weib in die Arme und brachte sie in seine Hütte zurück. Und zum ersten Mal erfuhr die Nixe, wie es war, als ganzes Weib geliebt zu werden, und der Fischer erfuhr zum ersten Mal, wie es war, eine Frau nicht nur halbiert, sondern ganz zu lieben.

Und sie fanden so ihr Glück und ihre Freude aneinander, daß sie sich nie mehr voneinander trennen wollten.

DAS STERNENKIND AUS DEM FLUSS

Es war einmal ein Kind, das lebte in einer großen, schneeweißen Burg. Es hatte weder Mutter noch Vater und wußte auch nicht, woher es kam. Es war vor Jahren in einem goldenen Sternenkorb den nahen Fluß heraufgetrieben und vom alten Burgherrn herausgefischt worden. Da der Burgherr weder Verwandte noch Nachkommen hatte, nahm er das Findelkind bei sich auf und setzte es als seinen Erben ein. Doch bald wurde der alte Mann sehr krank und starb, und die Burg ging in den Besitz des Kindes über. Die Dienerschaft versorgte es mit allem, was es benötigte. Und weil das Kind so geheimnisvoller Herkunft war, nannten sie es das Sternenkind.

Es wuchs heran und lernte laufen und sprechen, doch war es scheu wie ein Reh. Wollte es jemand angreifen und streicheln, lief es fort und versteckte sich. Wenn Fremde auf die Burg kamen, verkroch es sich hinter Stühle und Tische. Niemand wußte, warum das Sternenkind so scheu war. Es hatte weder Kinder zum Spielen, noch hatte es jemals einen Freund besessen. Und es vermißte auch keinen. Denn es wußte nicht, was das ist, einen Freund zu haben. Seine Freunde waren die Rosen im Garten, die Vögel, Hunde und Schmetterlinge und der Fluß. Am liebsten spielte es drunten am Fluß, ließ kleine Schiffchen aus Nußschalen schwimmen, sah den großen Segelschiffen nach und beobachtete die Frösche beim Quaken.

Eines frühen Abends, als die sinkende Sonne wie ein feuerroter Ball in den Fluß tauchte, lief das Sternenkind zum Wasser, um der Sonne Gute Nacht zu sagen. Sein Blick war dabei so sehr auf die Sonne geheftet, daß es gar nicht bemerkte, daß jemand auf dem Stein hinter einem Strauch hockte. Erst als die Sonne ins Wasser gesunken war und das Sternenkind sich auf seinen Stein setzen wollte, sah es das Wesen. Es blieb vor Schreck wie angewurzelt stehen und starrte es an. Dies fremde Wesen war grasgrün wie ein Laubfrosch, hatte lange, zottige Haare und Füße, die den Schwimmflossen einer Ente glichen. Es war nicht größer als das Sternenkind selbst und hatten einen menschlichen Körperbau. Mit großen grasgrünen Augen starrte es das Sternenkind an und war nicht weniger erschrocken, denn Wassermänner sind so scheu wie Elfen und Feen. Und so starrten der Wassermann und das Sternenkind einander sprachlos an, bis der lähmende Schreck aus ihren Gliedern wich. Der Wassermann sprang mit einem Hechtsprung in den Fluß, als das Sternenkind gerade im Begriff war, vor dem grasgrünen unbekannten Wesen die Flucht zu ergreifen und das Weite zu suchen. Doch der erschrockene Wassermann war schneller im Wasser, als das Sternenkind kehrtmachen konnte. Und so sah es, wie die Wellen über seinem Kopf zusammenschlugen und er verschwand.

"Seltsam", dachte das Sternenkind. "Er ist genauso scheu wie ich. Es hatte plötzlich keine Lust mehr zu spielen, machte kehrt und lief nach Hause. Gerade in dem Moment steckte der Wassermann noch einmal seinen Kopf aus dem Wasser. Als er sah, wie das Kind den Berg zur Burg hinauflief, dachte er bei sich: "Es ist mir ähnlich, ich muß es wohl verschreckt haben. Wie es nun fortläuft vor mir."

Das scheue Sternenkind hockte den ganzen Abend und die halbe Nacht am Fenster und blickte hinunter auf den Fluß. Es mußte immerzu an den Wassermann denken, der vor ihm geflüchtet war. Es fragte sich, wer dieses Wesen, das ihm so ähnlich schien, wohl gewesen sein mag.

Am nächsten Morgen lief das Sternenkind in seinen Rosengarten und pflückte eine rote Rose. Mit der Rose lief es hinunter zum Fluß, legte sie auf den Stein, auf dem der Wassermann am Vorabend gesessen war, und rannte, so schnell es konnte, zurück in seine Burg. Das alles hatte der Wassermann hinter einem Strauch beobachtet. Denn auch er hatte Ausschau nach dem Kind gehalten. Als es verschwunden war, stieg er aus dem Wasser und sprang zu dem Stein. Ehrfurchtsvoll ergriff er die Rose. "Die hat das Kind wohl für mich hingelegt", dachte er, strich mit seinen grasgrünen Fingern über die Rosenblätter und sog ihren Duft ein. "Vielleicht hat es mein Anblick gestern doch nicht so sehr erschreckt", murmelte er.

Der Wassermann sprang mit der Rose in den Fluß. Er griff eine der schönsten Seerosen, nahm sie an sich, schwang sich aus dem Wasser und legte sie dem Kind auf den Stein, auf dem er seine Rose gefunden hatte.

Als sich das Sternenkind am Nachmittag wieder zum Fluß hinunterwagte, um zu sehen, ob sich das grasgrüne scheue Wesen die Rose geholt hatte, fand es zu seiner Freude auf dem Stein eine Seerose liegen. Noch niemals hatte das

Kind eine Seerose in seinen Händen gehalten. Es trug sie wie eine Kostbarkeit hinauf in seine Burg, füllte eine Schüssel mit Wasser und stellte sie an sein Bett. Dann suchte es nach dem schönsten Trinkbecher, den es besaß. Es fand einen goldenen Becher, der mit blauen Blumen verziert war. Behutsam wickelte es den Becher in ein Tuch und lief mit ihm hinunter zum Fluß. Sein Blick huschte schnell über das Wasser. Es wickelte den Becher aus dem Tuch, stellte ihn auf den Stein und rannte, rannte so schnell es konnte, zurück in seine Burg. Sein Herz klopfte ihm bis zum Hals. Den ganzen Tag wagte es sich nicht mehr hinunter zum Fluß. Es blieb vor seinem Fenster hocken und sah hinaus, wie rosarote Schäfchenwolken am Himmel zogen und die feuerrote Abendsonne in dem Fluß versank.

Als der Wassermann entdeckte, daß etwas Glänzendes auf dem Stein stand, tauchte er aus dem Wasser und fand den goldenen Trinkbecher. Er hielt ihn gegen den Himmel und erfreute sich an seinem Glänzen. "Das hat mir das Kind gebracht", murmelte er und sprang fröhlich mit dem Becher in den Fluß.

Als das Sternenkind am nächsten Morgen zum Fluß hinunterlief, um zu sehen, ob sich der Wassermann den Becher geholt hatte, fand es eine große, wunderschöne Muschel, die mit vielen, kostbaren Perlen gefüllt war. Mit Freude nahm das Kind die Muschel mit den Perlen an sich und lief mit ihr nach Hause.

Und so ging es nun viele, viele Tage lang. Jeden Tag brachte das Kind dem Wassermann etwas, und jeden Tag fand es etwas, was ihm der Wassermann auf den Stein gelegt hatte. Doch hatte es das Kind während dieser Zeit vermieden, wie früher länger am Fluß zu verweilen. Als hätte es Angst davor gehabt, dem Wassermann zu begegnen.

Eines Tages aber kam das Kind an den Fluß und setzte sich selbst auf den Stein. Und es blieb ganz still sitzen und blickte auf das Wasser. Es dauerte nicht lange, da teilte sich die Flut und der Wassermann tauchte empor. Er schwamm näher und näher, bis er das Ufer erreicht hatte. Er stieg aus dem Wasser, schüttelte die Tropfen vom Körper und kam langsam auf das Kind zu. Das Sternenkind saß da und bewegte sich nicht. Es blickte auf's Wasser. Es wagte kaum zu atmen. Der Wassermann setzte sich neben ihm auf den Stein und blieb regungslos sitzen und blickte wie das Kind auf das Wasser. Und so saßen sie da. Stumm wie zwei Fische und wagten nicht, einander anzusehen. Die Hand des Kindes und die Hand des Wassermanns lagen auf dem Stein. Regungslos. Lange Zeit waren sie so gesessen. Da plötzlich bewegte der Wassermann seine grünen Finger, und ohne daß das Kind es merkte, tastete er sich vorsichtig nach seiner Hand, bis er sie mit seinen Fingern berührte. Das Kind bewegte sich nicht. Da streichelte der Wassermann mit seinen grünen Fingern über den Handrücken des Kindes, das immer noch regungslos dasaß.

Und plötzlich geschah es.

Das Kind bewegte seine Hand, und als der Wassermann sie ergriff und drückte, da fühlte er einen leichten Gegendruck, der immer stärker wurde, bis sie einander die Hände drückten. Wie zwei, die eben Freunde geworden sind, und dann sahen sie einander zum ersten Mal an und lächelten.

"Danke für die Rose", sagte der Wassermann, "und danke für den Becher und alles, was du mir gebracht hast."

“Und ich danke dir für die Seerose und die Muschel mit den Perlen und alles, was du mir auf den Stein gelegt hast.”

“Wir können jetzt immer miteinander spielen, wir können gemeinsam kleine Schiffe aus Nußschalen schwimmen lassen”, sagte der Wassermann. Das Sternenkind nickte.

“Und du wirst jeden Tag kommen und mit mir spielen?” fragte das Sternenkind.

“Du brauchst nur nach mir zu rufen”, antwortete der Wassermann. Das Sternenkind lächelte. Es zog zwei Äpfel aus der Tasche und drückte einen davon dem Wassermann in die Hand. Und als sie ihre Äpfel verspeisten und die Kerne ins Wasser spuckten, bekam das Kind ganz leuchtende Augen und rote Backen, und es war sehr glücklich, denn es erlebte zum ersten Mal, wie es ist, einen Freund zu haben.

DAS HASENDUELL

Es war einmal ein Häschen, das sich sehr darüber kränkte, daß es rote Ohren hatte und den Namen Rotohr trug. Rotohr mochte mit den anderen Hasenkindern gar nicht spielen. Er war überzeugt davon, daß ihn wegen seiner roten Ohren niemand leiden konnte. So saß Rotohr meist abseits irgendwo in der Wiese und fühlte sich sehr allein.

Eines Tages zog eine neue Hasenfamilie in Rotohrs Gebiet, die ein Hasenmädchen mit fünf braunen Flecken auf ihrem Fell hatten, das Flecki hieß. Rotohr und Flecki mochten einander vom ersten Augenblick an. Sie standen einander eines schönen Morgens ganz plötzlich in der Wiese gegenüber, und weil Rotohr Flecki gefallen wollte, versuchte er mit seinen Pfoten vor Flecki rasch seine roten Ohren zu verstecken. Flecki wunderte sich darber. Sie hatte die roten Ohren an ihm sofort entdeckt und sehr lieb gefunden.

"Warum versteckst du deine Ohren?" fragte Flecki. "Oh", stammelte Rotohr "Sie sind gar nicht sehenswert."

"Das finde ich nicht", antwortete Flecki. "Ich habe sie schon entdeckt, sie sind rot wie eine Mohnblume."

Rotohr erschrak. Es ärgerte ihn, daß Flecki seine roten Ohren entdeckt hatte, und er machte plötzlich ein sehr böses und trotziges Hasengesicht: "Meine roten Ohren gehen dich gar nichts an", sagte er nicht gerade freundlich, drehte sich auf seinen Pfoten um und hoppelte beleidigt davon. Flecki war darüber sehr traurig, sie eilte zum Silbersee und dachte darüber nach, warum Rotohr sie nicht leiden konnte. Und als sie sich im Wasser betrachtete, fiel ihr Blick auf die fünf braunen Flecke auf ihrem Fell. "Aha", dachte Flecki. "Jetzt weiß ich es. Er kann mich nicht leiden, weil ich fünf braune Flecke auf meinem Fell habe."

Und so wurden Rotohr und Flecki einander spinnefeind. Schließlich kam es sogar so weit, daß Rotohr, wenn er Flecki begegnete, eine lange Nase drehte und Flecki, die ihm ja auch nichts schuldig blieb, Rotohr die Zunge herausstreckte. Rotohrs und Fleckis Feindschaft blieb niemand im Märchenland verborgen. Auch nicht der guten Waldfee. Sie dachte darüber nach, wie sie das Kriegsbeil der beiden begraben könnte, und bald hatte sie eine Idee. Sie schickte an alle Hasen ein Schreiben aus, in dem sie befahl, daß jeder Hase dem Hasen, den er am wenigsten leiden konnte, einen Kuß geben mußte. Dann gab sie den Heinzelmännchen Anweisungen, Rotohr und Flecki zu beobachten. Als Rotohr und Flecki das Schreiben in ihren Pfoten hatten, erschraken sie zutiefst und sahen schon eine Katastrophe herannahen.

Flecki begann sofort, ihre Koffer zu packen, um heimlich auszuwandern. Rotohr hatte die gleiche Idee. Auch er wollte das Land verlassen. Als sie sich in der Nacht heimlich aus dem Bau schlichen, Rotohr im Osten und Flecki im Westen, verrieten es die Heinzelmännchen der guten Waldfee. Sie lenkte die Wege der beiden so, daß sie einander nach einigen Stunden, in der Dunkelheit tappend, auf einer

Wegkreuzung trafen. Flecki wäre am liebsten in den Erdboden versunken, so unangenehm war ihr das. Dem Rotohr ging's genauso. Schon wollten die beiden aneinander vorbeigehen, als plötzlich die gute Waldfee auftauchte.

"So", sagte sie. "Ich sehe, ihr haßt euch beide so sehr, daß ihr euch keinen Kuß geben wollt. Nun denn, so müßt ihr euch jetzt duellieren. Und sie holte zwei mächtige Pistolen aus ihrer Tasche und drückte sie Rotohr und Flecki in ihre Pfoten. "Aber", drohte sie mit gestrenger Miene, "ich lasse euch nur drei Meter voneinander entfernt stehen. Wer trotzdem daneben schießt, der muß dem anderen, sofern er nicht tot umgefallen ist, einen Kuß geben."

Rotohr und Flecki waren einverstanden. Dann zählte die Waldfee bis zehn. Zwei Schüsse peitschten durch den Wald. Rotohr und Flecki standen immer noch da. Ganz unverletzt. "Na, so was", sagte die Waldfee und verkniff sich das Lachen, "jetzt habt ihr beide danebengeschossen, jetzt müßt ihr euch den Kuß geben."

Rotohr und Flecki rührten sich nicht von der Stelle.

"Was ist?" fragte die Waldfee.

"Also, da muß schon er kommen!" platzte Flecki heraus.

"Ich", brauste Rotohr auf. "Wieso ich? Du hast genauso danebengeschossen."

Und beide fingen an zu streiten, wer wem zuerst den Kuß geben mußte. "Also gut", schmunzelte die Waldfee, "dann soll derjenige dem zuerst den Kuß geben, der ihn lieber hat."

Und da hatten sich die beiden so sehr beeilt, daß sie gar nicht darauf geachtet haben, wer der erste gewesen ist Und gleich fingen sie wieder an zu streiten. Jeder beharrte darauf, der erste gewesen zu sein.

“Ich habe den Kuß lieber gehabt”, schnaubte Rotohr.

“Nein, ich habe den Kuß lieber gehabt”, fauchte Flecki.

“Nein, ich war der erste.” “Nein, ich war es.”

Wenn nun die gute Waldfee den Streit nicht sofort geschlichtet und gesagt hätte, daß jeder der erste und keiner der letzte gewesen sei, dann hätten sich die beiden Dickköpfe bald wieder eine lange Nase gedreht und wären einander spinnefeind gewesen. So gab es aber dank der guten Waldfee noch zur selben Stunde eine prachtvolle Hasenhochzeit.

Die Wandlung des Riesen

Es war einmal eine alleinstehende Mutter, die mit ihren beiden Söhnen in einem Häuschen mitten im Walde lebte. Die Söhne glichen einander wie ein Ei dem anderen. Denn es waren Zwillinge. Der Vater war vor ein paar Jahren beim Holzfällen umgekommen. Mit viel Liebe sorgte die Mutter für ihre beiden Söhne. An manchen Tagen aber hatte sie ihre liebe Not mit den Kindern. Denn so lieb sie auch sein konnten, so unausstehlich konnte manchmal der eine oder andere werden. Die beiden Söhne hießen Max und Tax. Tax aber trieb es besonders bunt, so daß die Mutter oft ganz verzweifelt war.

Eines Tages ging sie tiefer in den Wald, um Pilze zu suchen. Da begegnete sie einem Riesen, vor dem sie fürchterlich erschrak. Der Riese hob sie mit zwei Fingern, wie einen Käfer, auf seine Hand und sprach: "Wie schön, daß ich endlich ein Menschlein entdeckt habe. So ein kleines Spielzeug wünsche ich mir schon lange. Dich nehme ich jetzt mit nach Hause."

"Oh, nein!" rief die Mutter. "Ich habe zwei Kinder! Die werden verhungern, wenn ich sie alleine zurückließe!"

"Was", sagte der Riese, "zwei Kinder hast du? Das trifft sich aber gut. Dann kannst du mir ja eines von deinen beiden Kindern geben, damit ich mit ihm spielen kann."

"Nie und nimmer", rief die Mutter aus, "sollst du eines meiner beiden Kinder bekommen!"

"Wenn das so ist", sagte der Riese, "dann behalte ich dich hier, und deine Kinder werden umkommen."

Die Mutter war ganz verzweifelt. Sie wußte, mit dem Riesen war nicht zu spaßen. Er würde seine Drohung wahrmachen. So dachte sie, wenn ich ihm eines meiner beiden Kinder gebe, kann ich wenigstens eines behalten. Wenn ich ihm keines gebe, verliere ich beide.

"Gut", sagte sie. "Ich gebe dir einen meiner Söhne."

"Recht so", lachte der Riese und ließ sich von der Mutter zu dem Häuschen führen, in dem sie von beiden Söhnen schon ungeduldig erwartet wurde. Sie überlegte, welchen der beiden Söhne sie dem Riesen übergeben sollte, und weil Tax der Schwierigere war, übergab sie ihn dem Riesen. Doch es war ihr ganz schwer um's Herz. Tax schrie und weinte und strampelte, als er von dem Riesen fortgetragen wurde, aber es half ihm nichts. Der Riese freute sich über sein hübsches Spielzeug und ging fröhlich pfeifend davon.

Max schloß sich nun seiner Mutter immer mehr an, denn er hatte ja keinen Spielkameraden mehr. Er war auch immer der weichere und anschmiegsamere der beiden Zwillinge gewesen, der sich manchmal von seinem Bruder Tax tyrannisieren ließ. Trotzdem aber war Tax nicht ein so schlechter Kerl, daß er es verdient hätte, von einem Riesen fortgetragen zu werden. So war es für die Mutter auch kein richtiger Trost, daß sich ihr Max mehr und mehr anschloß. Schließlich liebte sie als Mutter ja beide Kinder. Eines Tages entschloß sie sich, mit Max in den Wald auf die Suche nach ihrem verlorenen Sohn Tax zu gehen. Sie packte ihre Sachen zusammen und

machte sich mit ihm auf den Weg. Sie gingen tagelang durch den Wald, bis sie eines Abends zu einer Hütte kamen, die auf einer Waldlichtung stand. Vor der Hütte lehnte ein Mann mit dichtem Haar, das so weiß war wie der Schnee. Doch war es nicht das Alter, das dem Manne weiße Haare verliehen hatte. Es war die Weisheit. Der Mann selbst schien gar nicht alt zu sein, denn er strahlte Güte und Lebenskraft aus. Die Mutter freute sich, hier im Wald ein menschliches Wesen gefunden zu haben, und der Weise lud Mutter und Sohn in sein Haus und gab ihnen zu essen und zu trinken.

"Was hat dich mit deinem Kind so tief in den Wald getrieben?" fragte er.

Da erzählte ihm die Mutter die Geschichte von dem Riesen. Der Weise hatte ihr aufmerksam zugehört. "Nun bin ich auf der Suche nach einem Weg, wie ich meinen Sohn Tax zurückbekommen kann. Denn ich liebe ja beide Kinder. Wenn ich nur wüßte, wo ich ihn finde."

Der Weise lächelte, als die Mutter geendet hatte. Dann sagte er: "Ich will euch helfen. Ich will euch einen fliegenden Teppich geben. Mit diesem fliegenden Teppich könnt ihr fliegen, wohin ihr wollt. Fliegt mit ihm in die Gärten des Lebens. Dort werdet ihr einen hohen Baum finden. Dieser Baum ist der Lebensbaum. Pflückt von diesem Baum einige Früchte und fliegt hernach zu dem Riesen, der euren Sohn festhält. Gebt ihm von den Früchten zu essen. Wer von den Früchten des Baumes eine Frucht kostet, der wird eine Erkenntnis machen, die für ihn von großer Wichtigkeit ist, und das wird auch dem Riesen geschehen."

"Das will ich gerne tun", sagte die Mutter. "Aber was soll ich inzwischen mit meinem Sohn Max machen?"

Der Weise lächelte: "Laß ihn einstweilen bei mir. Hier ist er gut aufgehoben." Er brachte der Mutter den fliegenden Teppich aus seinem Zimmer.

"Setz dich auf den Teppich", sagte er, "und sprich aus, wohin du willst."

Die Mutter tat, wie der Weise ihr geheißen hatte, und der Teppich hob sich hoch und flog mit ihr empor. Immer höher, bis er hoch über den Wäldern, Bergen, Flüssen und Städten schwebte. Wie gewunschen kam sie in die Gärten des Lebens. Vor dem Baum des Lebens senkte sich der Teppich, und die Mutter pflückte einige seiner Früchte in ihren Korb. Dann bestieg sie wieder ihren fliegenden Teppich und befahl diesem, zu dem Riesen zu fliegen, der ihren Sohn festhielt. Und wieder hob sich der Teppich hoch in die Lüfte und flog mit der Mutter über Stadt und Land, über Flüsse und Berge, bis er sich auf einem Berg vor einer Höhle niederließ, neben dessen Eingang der Riese saß. Staunend sah er, wie die Mutter auf dem fliegenden Teppich neben ihm landete.

"Was willst du denn hier?" donnerte er sie sogleich an. "Deinen Sohn gebe ich nicht mehr heraus."

"Geht es ihm gut?" fragte die Mutter besorgt.

"Sehr gut", sagte der Riese und wies auf einen Käfig, in dem er Tax eingeschlossen hatte. "Damit er mir nicht verlorengeht", sagte der Riese. Der Mutter zog es das Herz zusammen, als sie Tax so im Käfig sitzen sah, und Tax begann sogleich zu weinen und zu schreien, als er seine Mutter erblickte. Die Mutter riß sich zusammen.

"Ich bin nicht gekommen, um meinen Sohn zu holen, ich bin gekommen, dir Früchte aus den Gärten des Lebens zu bringen."

"So?" sagte der Riese und roch mißtrauisch an dem Korb voller Früchte, den ihm die Mutter hinstellte. Sie rochen so süß, daß er den ganzen Korb sogleich in seinen Mund schüttete. Kaum hatte er die Früchte gegessen, veränderte er sich. Er sah plötzlich ganz nachdenklich aus und wurde immer nachdenklicher. Schließlich begann er zu weinen.

"O du meine Güte", schluchzte er. "Ich hab' ja einen großen Fehler gemacht. Ich habe ganz vergessen, daß ich meine Kraft nicht mißbrauchen darf, um Menschen zu meinem Spielzeug zu machen, sondern daß ich meine Kraft dafür einsetzen muß, um den Menschen zu dienen."

Und dem Riesen wurde ganz angst und bang bei der Erkenntnis seiner Fehler, und die Tränen stürzten wie Bäche aus seinen Augen. Die Mutter jedoch bemühte sich, ihn zu beruhigen.

"So beruhige dich doch", sagte sie, "auch wir Menschen machen oft den Fehler, daß wir Kräfte mißbrauchen und falsch einsetzen und andere mit unserer Macht einengen. Aber wenn man seine Fehler einmal erkannt hat, dann kann man alles sofort ändern und wiedergutmachen. Du brauchst meinen Sohn nur aus dem Käfig zu lassen und mir wieder zurückzugeben. Und wenn du deine Kräfte künftig in den Dienst der Menschen und nicht gegen die Menschen stellst, dann wird alles wieder gut werden."

Der über sich selbst verzweifelte Riese trocknete seine Tränen. "Wirklich?" fragte er. "Alles wird wieder gut werden?"

Die Mutter nickte. Da öffnete der Riese den Käfig und gab der Mutter ihren Sohn zurück und schenkte ihr eine Brieftaube. "Wann immer ich dir zu Hilfe kommen soll, schicke mir einen Brief mit der Brieftaube. Denn nun werde ich gerne meine Kräfte in den Dienst der Menschen stellen, damit ich alles wieder gutmachen kann."

Die Mutter setzte die Brieftaube des Riesen auf ihre Schulter, nahm ihren Sohn bei der Hand und bestieg mit ihm den fliegenden Teppich. Sie sprach dem Riesen noch tröstende Worte zu, bis er wieder lächelte und flog mit Tax auf dem Teppich zurück zu der Hütte des Weisen, der mit ihrem Sohn Max schon davor wartete. Alle umarmten einander glücklich und freuten sich, daß sie wieder vereint waren. Der Weise aber bat Mutter und Kinder, für immer bei ihm zu bleiben. Denn er hatte die Mutter sehr liebgewonnen. So schickte sie dem Riesen mit der Brieftaube einen Brief, in dem sie ihn bat, ihnen allen bei dem Bau eines großen Hauses zu helfen. Und der Riese verließ seinen Berg und kam durch den Wald zu der Hütte des Weisen gestampft, um zu helfen. Und in wenigen Tagen stand ein schönes, schmuckes Häuschen da und alle waren glücklich. Ganz besonders aber der Riese, der nun die Menschen als Spielzeug verloren, aber als Freunde auf ewige Zeiten gewonnen und dabei den Sinn des Lebens gefunden hatte.

DER KUSS DES BUNTEN SCHMETTERLINGS

Es waren einmal zwei Raupen, die mühsam des Weges krochen, als sie einen bunten fröhlichen Schmetterling über sich im Sommerwind schaukeln sahen. Voll Neid sagte die braune Raupe zu ihrer grünen Weggefährtin: "Wie ungerecht es doch auf dieser Welt zugeht. Wir müssen uns mühsam im Sand vorwärtsbewegen und sind dem Ekel der Menschen ausgesetzt, während so ein nichtsnutzer Schmetterling von einer Blume zur anderen tanzt und sich des Lebens freut." Und sie schoß giftige Blicke auf den bunten Schmetterling.

Die grüne Raupe aber dachte ganz anders. Sie betrachtete den Schmetterling voll Bewunderung und flüsterte: "Welch zartes wunderbares Geschöpf. Wie schön wäre es, so zu sein wie er." Und ihr Herz und ihre Liebe flogen dem Schmetterling wie ein Schmetterling zu.

"Was", ereiferte sich die braune Raupe, "so ein Luftikus wie der möchtest du werden? Du möchtest dich wohl über uns Raupen erheben, damit du von oben auf uns herabblicken kannst!"

"Aber nein, nein", antwortete die grüne Raupe und blickte dem Schmetterling zärtlich nach. "ich wäre gern ein Schmetterling, weil ich Schmetterlinge liebe." Kaum hatte

sie das Wort Liebe ausgesprochen, da fiel sie in einen tiefen, tiefen Schlaf.

"He, du", stieß die braune Raupe sie an, aber sie bekam keine Antwort mehr. "Das hat sie von ihrem Größenwahn", sagte die braune Raupe. "Wer hoch hinaus will, wird bestraft. Jetzt ist sie tot. Da bleibe ich lieber hübsch bescheiden eine arme Raupe."

Im nächsten Moment traf sie die Sohle eines Wanderers und zertrat sie. Die grüne Raupe aber blieb unversehrt. Sie schlief und träumte von blumenbunten Wiesen und tanzenden Faltern, bis ihr im Traum ein strahlender Schmetterling erschien. Er war so schön, daß das Herz der grünen Raupe vor Liebe zu zerspringen drohte. Der Schmetterling küßte sie und sagte sanft: "Du sollst als jenes Geschöpf erwachen, das du am meisten liebst."

Und als die grüne Raupe erwachte, da war aus ihr ein herrlicher Schmetterling geworden. Voll Entzücken bewegte er seine großen farbenprächtigen Flügel und schaukelte immer höher und höher empor.

"Wie wunderbar, ein Schmetterling zu sein!" rief er aus und entdeckte im Sand zwei Raupen, die ihm nachblickten. In dem Blick der einen war Neid und Mißgunst, in dem Blick der anderen war Liebe und Bewunderung. Da wußte der glückselige Schmetterling, daß nur eine der beiden sich zu seinem Ebenbild entwickeln würde, weil nur die Liebe zu beflügeln vermag.

DER ROTE ZAUBERBALL

Es war einmal ein sehr eigenwilliges Zwergenkind, das Willi hieß. Alles mußte nach seinem Kopf gehen. Wenn Willi mit anderen Zwergenkindern spielte, sollten sie immer nur das tun, was er wollte. Auch bei seinen Eltern versuchte Willi immer seinen Dickkopf durchzusetzen, und man konnte es ihm nicht leicht recht machen. An seinem zehnten Geburtstag wünschte er sich einen großen, roten Ball. Als er am anderen Morgen erwachte, lag tatsächlich ein großer, hübscher Ball in seinem Zimmer. Aber er war nicht rot, sondern blau. Sogleich fing Willi an zu schreien und zu weinen: "Ich will keinen blauen Ball, ich will einen roten Ball! Den blauen Ball mag ich nicht!"

Die Zwergeneltern, die nirgendwo einen roten Ball hatten auftreiben können, waren sehr traurig über ihr undankbares Zwergenkind, und die Zwergenmutter ging in die Küche und weinte. Doch Willi blieb uneinsichtig und starrköpfig. "Ich will einen roten Ball", schrie er und stampfte mit den Füßen auf. "Ich will einen roten Ball!"

Plötzlich klopfte es draußen an der Türe. Als der Zwergenvater öffnete, sah er einen uralten Zwerg mit einem langen, grauen Bart an der Schwelle stehen, der einen roten, glänzenden Ball in den Händen hielt. "Guten Tag", sagte er. "Ich habe gehört, Ihr Sohn wünscht sich einen roten Ball.

Hier, ich bringe ihm einen, wenn er mir dafür seinen blauen Ball überläßt."

Der Vater und der Zwergenbub waren einverstanden. Sie tauschten die Bälle aus, und der alte Zwerg verschwand. Willi war überglücklich, seinen Dickkopf wieder einmal durchgesetzt zu haben. Er nahm den roten Ball und lief hinaus zu den anderen Zwergenkindern und rief: "Seht, mein neuer Ball! Kommt alle her! Wir spielen gleich damit." Und übermütig warf er den Ball den herbeilaufenden Zwergenkindern entgegen. Doch da geschah etwas Unfaßbares. Der Ball flog in die entgegengesetzte Richtung. Nanu, dachte Willi, holte den Ball und warf ihn wieder den Kindern zu. Aber der Ball flog wieder in die verkehrte Richtung. Willi konnte das nicht fassen. Er versuchte es immer wieder, aber so sehr er sich auch bemühte, der Ball flog immer anders, als er wollte. Da begannen die Zwergenkinder zu lachen und riefen: "Der Willi hat einen Ball, der genau so dickköpfig ist wie er selber! Hei, das ist ein Spaß, den beiden zuzusehen!"

Willi wurde immer zorniger, und bald war er so rot im Gesicht wie sein Ball. Wütend stieß er ihn mit dem Fuß weg, aber der Ball rollte wieder zu ihm zurück. Und als er den Ball aufheben und heimgehen wollte, rollte der Ball davon. Schließlich begann Willi zu weinen und bereute es, seinen blauen Ball gegen den roten eingetauscht zu haben.

Da plötzlich stand der alte Zwerg mit dem langen, eisgrauen Bart vor ihm. "Siehst du", sagte er, "ich habe dir einen Ball gegeben, der genauso widerspenstig ist wie du und der ohne Rücksicht auf die Wünsche anderer immer so fällt, wie er es will." "Ja, aber ...– ", schluchzte Willi, "– mit einem solchen Ball kann man doch gar nicht spielen."

Der alte Zwerg nickte. "Ja", sagte er "Der rote Ball wird dir erst gehorchen, wenn du lernst, auch die Wünsche anderer zu berücksichtigen." Nach diesen Worten war der alte Zwerg verschwunden. Willi trocknete seine Tränen, lief zu den anderen Kindern und fragte: "Jetzt sagt mir einmal, was ihr mit mir spielen wollt?"

"Wir wollen mit dir und deinem neuen Ball Fußball spielen!" riefen die Kinder. Willi holte den Ball, und siehe da, er ließ sich aufheben, er ließ sich den Kindern zuwerfen und war plötzlich ein Ball, der allen Freude machte.

DAS KIND
UND DAS EINHORN

Es war einmal ein Kind mit blonden Locken und großen, fragenden Augen, das bei seinem Großvater lebte. Eines Tages wurde das Kind von seinem Großvater auf den Markt mitgenommen. Auf dem Markt saß unter den vielen Händlern auch ein Mann, der wunderschöne, bunte Bilder verkaufte, die er selbst gemalt hatte. Das Kind konnte sich an den vielen schönen Bildern gar nicht sattsehen. Es hielt sich an der Hand des Großvaters fest und wollte nicht weitergehen.

"Nun", sagte der Großvater, "so bleib hier und warte hier auf mich, bis ich wieder zurückkomme. Ich gehe einkaufen und hole dich dann hier ab. Aber geh' nicht fort, damit ich dich wiederfinde."

Das Kind versprach es und blieb bei dem Mann stehen, der viele, viele Bilder rings um sich liegen und stehen hatte. Der Mann trug ein langes, weißes Gewand und fand Gefallen an dem Kind, denn nie zuvor hatte er ein Kind gesehen, das mit so wachen, staunenden Augen seine Bilder betrachtet hatte.

"Gefallen dir meine Bilder?" fragte der Maler. Das Kind nickte andächtig.

"Ich will dir eines schenken. Such dir eins aus", sagte der

Maler. Die Augen des Kindes begannen zu leuchten. Ohne Zögern wies es auf ein kleines Bild, auf dem in einer wunderschönen, farbigen Landschaft ein schneeweißes, zartes Einhorn abgebildet war.

"Dieses Bild", sagte das Kind, "gefällt mir am besten."

"Du bist bescheiden", lachte der Maler. "Eines der kleinsten meiner Bilder willst du? Du hättest dir auch von den größeren eines nehmen dürfen."

Das Kind schüttelte den Kopf. "Das kleine Bild kann ich überall hin mitnehmen, und mit dem hübschen Tier kann ich überall hinreiten, wo ich will."

"Dieses Tier", sagte der Maler, "ist ein Einhorn. Ich sehe, du hast praktisch und klug gewählt." Er überreichte dem Kind das Bild mit dem Einhorn.

Alsbald kam der Großvater und holte das Kind ab. Das Kind wickelte das Bild von dem Einhorn sorgfältig in ein Tuch und legte es zu Hause zu seinen kleinen Kostbarkeiten.

Eines Tages wurde das Kind sehr krank. Niemand wußte genau, was ihm fehlte. Es fieberte und lag apathisch in seinem Bett. Viele Ärzte besuchten das Kind. Ein jeder verschrieb ihm eine andere Medizin. Aber es wurde nicht besser. Der Großvater saß Tag und Nacht am Bett seines Enkelkindes, denn es hatte keine Eltern mehr und wurde von ihm und den Dienern seines Hauses großgezogen. Da eines Tages bat das Kind seinen Großvater, ihm das Bildchen von dem Einhorn zu bringen Der Großvater freute sich, daß das Kind einen Wunsch äußerte. Er suchte nach dem Bild, fand es und drückte es dem Kind in seine fiebrigheißen Hände. Das Kind betrachtete lange das Einhorn. So lange, bis ihm die Augen zufielen.

Doch was war das? Es schlief ja gar nicht. Es befand sich inmitten der blühenden Landschaft, in der es das Einhorn auf dem Bild gesehen hatte. Und plötzlich sprang das Einhorn tatsächlich leibhaftig und lebendig aus dem Wald und stand vor dem Kind.

"Komm", rief es. "Setz' dich auf meinen Rücken, ich will mit dir zum Musentempel reiten. Dort sollst du etwas finden, was dir Freude bringt." Und das Kind setzte sich auf den Rücken des Einhorns und ritt mit ihm zu dem Musentempel.

Der Musentempel stand in einer wunderschönen, paradiesischen Landschaft. Er war gewaltig groß und weiß wie der Schnee. Und überall lachten, tanzten, sangen und spielten kleine Musen. Als das Kind von seinem Einhorn abstieg, war es sogleich von vielen Musen umringt, die es freudig willkommen hießen.

"Ein Menschenkind", riefen sie. "Ein Menschenkind hat zu uns gefunden! Ein Glückskind!"

Das Kind staunte, weil es so sehr willkommen geheißen wurde. Die Musen führten es in dem Musentempel durch die schönsten Räume. Da gab es Räume, die waren mit herrlicher Musik erfüllt. Wiederum andere Räume waren erfüllt mit Tanz und Spiel und andere mit Versen und Geschichten. Ein großer Trakt im Musentempel aber war erfüllt mit Bildern. Das Kind kam aus dem Staunen gar nicht mehr heraus. Ganz zuletzt führten die Musen das Kind in einen Raum, in dem ein Stein lag, der in allen Farben in unbeschreiblicher Schönheit nach allen Richtungen funkelte und strahlte und aus dem wunderbare Musik erklang. Nie zuvor hatte das Kind etwas so Wundervolles gesehen oder gehört .

"Das ist der Stein der Weisen", flüsterten die Musen. "Er gehört uns allen. Auch dir. Aber nur die wenigsten Menschen finden ihn. Das Kind konnte sich von dem schönen Stein gar nicht losreißen. Doch die Musen führten es wieder einen Raum weiter. Es war dies der schönste Raum im ganzen Musentempel. In der Mitte des Raumes stand ein Brunnen, aus dem Wasser hervorquoll. Am Rande des Brunnens saß ein Herr. Er trug ein schneeweißes Gewand, über dem ein roter Mantel hing. Er lächelte dem Kind mit gütigen Augen zu und winkte es herbei.

"Sei willkommen", sagte er. "Es ist schön, daß du den Weg zu mir gefunden hast. Hier, trinke einen Becher Wasser aus meinem Brunnen, dann wirst du wieder ganz gesund sein."

"Aber", stammelte das Kind. "Ich bin doch gar nicht krank."

"Nicht bei uns", lächelte der Herr und ließ das Kind auf seinem Schoß sitzen. "Aber in deinem Menschenkörper liegst du fiebernd und krank in deinem Bett. Und wenn du jetzt einen Becher frischen Wassers aus meiner Quelle trinkst, so wird die Heilkraft unseres Wassers auch deinen Körper erfrischen, erneuern und heilen."

Und er reichte dem Kind einen Becher Wasser aus der Quelle des Musentempels. Das Kind schmiegte sich an seine Brust und trank und trank. Und plötzlich rieselte ein wunderbares Gefühl durch seinen Körper, und es begann zu schweben. Und da saß es nun wieder auf dem Rücken seines Einhorns und schwebte über Wälder, Bäume und Häuser. Plötzlich gab es einen kleinen Ruck, und das Kind lag wieder in seinem Bett und war in seinem Körper.

Es öffnete die Augen und lächelte in das gütige Gesicht
seines Großvaters. Dann setzte es sich auf.

"Darf ich bald aufstehen, Großvater?" fragte es. Der
Großvater staunte. "Du hast ja Fieber", sagte er.

"Aber ich fühle mich gut, Großvater." Der alte Mann griff
dem Kind an die Stirn und konnte es kaum fassen, als sie sich
kühl anfühlte. Auch die Augen des Kindes waren so klar wie
eh und je. Es sprang aus dem Bett, als ob nichts gewesen wäre.
Und dann nahm es das Bild seines Einhorns andächtig in die
Hand und erzählte dem Großvater alles, was es erlebt hatte
und wie es von einem Herrn aus der Quelle des Musentempels einen Heiltrunk erhalten hatte. Der Großvater hätte
wohl alles als kindliche Phantasie abgetan, hätte der Heiltrunk nicht so gut gewirkt und dem Kind das Leben neu
geschenkt und es gesund gemacht.

Der Apfelbaum und seine Freunde

Es war einmal ein Apfelbaum, der im Herbstwind seine Blätter verloren hatte. Das machte ihn sehr traurig. Er mochte nicht kahl im Garten stehen, und er mochte es nicht, daß sich die Sonne hinter einer grauen, häßlichen Wolkenschicht versteckte.

Eines Tages, als sich dichte Nebelschwaden um den Apfelbaum gehüllt hatten und er nichts, aber auch gar nichts als nur eine weiße Wand vor sich hatte, begann er bitterlich zu weinen. "Ach", schluchzte er, "alles, was ich lieb hatte, ist mir verlorengegangen. Die Blüten, die Äpfel und Blätter. Kein Käfer und kein Schmetterling kommen mich mehr besuchen und die liebe, gute Sonne will mir nicht mehr scheinen."

Plötzlich lösten sich zwei wunderschöne Gestalten aus dem Nebel. Die eine war ein blaugekleideter Jüngling mit gelocktem Haar, die andere ein weißgekleidetes Mädchen mit einem Blumenkranz. "Wer seid ihr?" fragte der Apfelbaum.

"Wir sind deine Freunde", antwortete der Jüngling und lächelte den Apfelbaum so liebevoll an, daß ihm ganz warm um seine Wurzeln wurde.

"Freunde", sagte er, "ich habe euch noch niemals gesehen. Wie heißt ihr denn?"

"Ich heiße Hoffnung", sagte das kleine, schöne Mädchen

mit dem Blumenkranz im Haar. "Und ich heiße Glaube", sagte der Jüngling. "Wir sind gekommen, dich mit unserer Kraft zu stützen, bis der Frühling wieder ins Land zieht."

"Wird es noch sehr lange dauern?" fragte der Apfelbaum bange. "Nein", tröstete die Hoffnung. "Wenn wir bei dir sind, dann gehen der Herbst und der Winter schnell vorbei."

Und sie lehnten sich, die Hoffnung links und der Glaube rechts, an den Stamm des Apfelbaumes und stützten ihn, als er von Stürmen geschüttelt wurde, als der Regen auf ihn herniederprasselte und Schnee und Frost sich auf seine Äste legten. Und sie schenkten dem Apfelbaum einen Traum. Den Traum vom erwachenden Frühling, wenn die Äste Knospen treiben und die Strahlen der Sonne von Tag zu Tag wärmer werden. Der Apfelbaum hielt den Traum so fest wie ein Kind seine Lieblingspuppe an sich gepreßt.

Eines Tages kamen Holzfäller in den Garten, um die Bäume zu fällen. Als sie zu dem Apfelbaum kamen, hatten ihn der Glaube und die Hoffnung in ein ganz kleines, unscheinbares Bäumchen verwandelt.

"Der gibt zu wenig Holz für das Feuer", sagten die Holzfäller und gingen weiter, um die anderen Bäume zu fällen. Als sie fort waren, verwandelten Glaube und Hoffnung den Apfelbaum in seine stattliche alte Gestalt zurück.

Bald wurden die Tage länger und die Strahlen der Sonne wärmer. Schnee und Eis begannen zu schmelzen, die ersten, kleinen Knospen wölbten ihre Näschen aus den Ästen und der schöne Traum vom Frühling, den der Apfelbaum in seiner schwersten Zeit mit all seinen Wurzeln festgehalten hatte, ging jeden Tag einen Schritt mehr seiner Erfüllung entgegen. Bis er eines Tages den Apfelbaum mit seiner wärmenden Sonne umfing.

Das Kind und
die kleine Melodie

Es war einmal ein armes Kind, das hatte keine Eltern mehr und lebte allein in einer Dachkammer. Alles, was es besaß, war eine kleine Melodie. Und es hatte diese kleine Melodie sehr lieb, denn sie war wunderschön.

Eines Tages saß die kleine Melodie am Fenster und blickte über die Dächer der Stadt. Und während sie so dasaß, überfiel sie das Fernweh nach der großen, weiten Welt, und sie wurde traurig. "Warum bist du traurig, meine kleine Melodie?" fragte das Kind. "Ach", seufzte sie, "ich möchte so gerne hinaus in die große, weite Welt fliegen." Das Kind bekam ganz erschrockene Augen.

"Aber meine Melodie!" rief es aus. "Du kannst mich doch nicht verlassen! Ich besitze doch nichts auf der Welt als nur dich!" Und es wollte seine Melodie nicht fortlassen. Die Melodie aber sah sehnsüchtig den kleinen, weißen Wolken nach, den fröhlichen Vögeln, die am Himmel um die Wette flogen, und sie hatte so Fernweh nach der großen, weiten Welt, daß sie leise zu schluchzen begann.

Als das Kind hörte, wie traurig seine Melodie wurde, hatte es Mitleid mit ihr und hätte sie gerne in seine Arme genommen und gestreichelt, damit sie wieder fröhlich würde. Aber es konnte seine Melodie nicht fassen, und es konnte sie nicht streicheln und nicht trösten. So sagte es: "Sei nicht traurig. Morgen, wenn die Sonne aufgeht, sollst du hinaus in die große, weite Welt fliegen."

Als die Melodie das hörte, begann sie vor Freude klangvoll zu jubeln und konnte den Morgen kaum erwarten. Dem Kind aber war zum Weinen zumute, doch weil es nicht wollte, daß seine Melodie wieder traurig wurde, versteckte es die Tränen in seinem Herzen und lächelte.

Am Morgen öffnete es seiner Melodie das Fenster und zeigte ein lachendes Gesicht, damit sie fröhlich in die Welt ziehen konnte. "Ich komme wieder!" jauchzte die Melodie und flog fort. Und so flog sie denn hinaus in die große, weite Welt, und wo immer sie sich niederließ, horchten die Leute auf und fragten: "Was ist das nur für eine fröhliche, wunderschön klingende Melodie?"

Eines Tages, als die Melodie über eine blumenbunte Wiese flog und unter einem klühenden Kirschbaum jauchzte, hörte sie ein Schallplattenproduzent, der sich auf der Suche nach einer schönen Melodie befand, die alle Leute fröhlich machen sollte. Er blieb stehen und lauschte entzückt ihren Klängen. "Wem gehörst du, schöne Melodie?" fragte er.

"Ich gehöre einem armen, einsamen Kind, das mich in die Welt fliegen ließ, weil es nicht wollte, daß ich traurig bin."

Der Schallplattenproduzent nahm die Melodie in seinem Studio auf eine Schallplatte auf, und alle Leute kauften sie, weil sie so wunderschön war. Die Melodie aber flog zurück zu dem Kind und klopfte in der Morgensonne an sein Fenster. "Meine Melodie!" rief das Kind und öffnete voll Freude. "Komm", sagte die Melodie ganz zart "Ich habe dir ein schönes Haus am Silbersee gekauft und viele, viele Freunde für

dich eingeladen." Und sie hüllte das staunende Kind in den Mantel ihrer wunderschönsten Klänge und flog mit ihm über die Dächer der Stadt, zum schönsten Haus am Silbersee.

Das Zebra, das um sein Fell kämpfte

In einem fernen Lande lebte ein Fürst, der ein großer Pferdefreund war und alle Pferdearten liebte. Nur das Zebra konnte er nicht leiden. Es war ihm ein Dorn im Auge. Er bildete sich ein, Zebras wären auf ihr gestreiftes Fell stolzer als andere Pferde auf ihre Felle. Daher erließ er in seinem Land ein Gesetz, das allen Zebras das Tragen schwarzer Streifen verbot und zwang sie, in ein anderes Fell zu schlüpfen. Die Zebras kränkten sich darüber sehr und versuchten, sich zu wehren. Aber weil die Macht des Herrschers größer war als der Widerstand der Zebras, mußten sie sich dem Fürsten fügen und die Felle anderer Pferde annehmen und tragen. In ihrem Herzen jedoch blieben sie Zebras.

Unter den Zebras aber befand sich eines, das um nichts auf der Welt bereit war, ein anderes Fell zu tragen als das eines geborenen Zebras.

"Ich habe ein Recht auf mein Fell und das meiner Vorfahren", schnaubte es.

"Wie willst du dich gegen einen so mächtigen Fürsten, sein Gesetz und sein ganzes Land wehren?" fragten die anderen Zebras und versuchten, ihren eigensinnigen Artgenossen zur Einsicht zu bewegen "Gib nach, sonst werden sie dich töten."

Von allen Seiten versuchte man, das Zebra umzustimmen. Aber es half nichts. "Ich fürchte weder Tod noch Teufel, denn ich habe ein Recht auf mein Fell", beharrte es auf seinem Standpunkt. Als der Fürst und seine Minister von dem eigenwilligen Zebra erfuhren, waren alle empört. "Ruft mir dieses Zebra in den Palast", schrie der Herrscher "Ich werde es in ein anderes Fell zwingen."

Das eigenwillige Zebra wurde in den Palast gerufen und von dem Fürsten sehr ungnädig empfangen.

"Warum hältst du dich nicht an das Gesetz?" donnerte der Fürst das Zebra an. "Du weißt, daß allen Pferden in meinem Land das Tragen schwarzer Streifen verboten ist."

"Aber Majestät", schnaubte das Zebra nicht weniger empört, "habt ihr denn keine Augen im Kopf? Ich habe doch keine schwarzen Streifen, und das Tragen von weißen Streifen hat niemand verboten."

Einen Augenblick lang waren der Fürst und seine Minister sprachlos vor Verblüffung. Darauf war bisher keiner gekommen. Dann brachen sie über das eigenwillige Zebra in schallendes Gelächter aus, in das bald das ganze Land mit einstimmte. Und weil gegen ein Zebra mit weißen Streifen niemand Einwände finden konnte, erlaubte der Herrscher auch den Zebras mit den schwarzen Streifen, ihr eigenes Fell wieder zu tragen.

Und so kam es, daß alle Zebras ihr Recht zurückerhielten.

Der Streit der Blumen

Unter den Blumen war ein Streit ausgebrochen. Jede von ihnen behauptete, die schönste, beste und wertvollste im großen Blumengarten der Erde zu sein und bemühte sich, ihre Blumenschwestern so häßlich und schlecht wie nur möglich zu machen, um sich selbst in das bessere Licht zu rücken.

"Was bildest du dir eigentlich ein, du aufgeblasene Rose", schrie die Tulpe. "Du hast ja Dornen, an denen sich die Menschen in die Finger stechen können! An mir sticht sich niemand!"

"Du hast es nötig", keifte die Rose giftig zurück. "Du bist doch nur neidisch, weil mich die Menschen trotz meiner Dornen zum Symbol der Liebe gewählt haben und viel mehr schätzen als dich, du dumme Tulpe!"

"Mach' dich nicht so wichtig, du eingebildete Rose", mischte sich der Enzian in den Streit. "Schau mich an! Ich bin noch viel wertvoller als du! Ich stehe unter Naturschutz!"

"Na und", sagte das Gänseblümchen keck zum Enzian. "Ist das vielleicht ein Grund, sich gut vorzukommen? Du stehst doch nur deshalb unter Naturschutz, weil du nicht in der Lage bist, dich fortzupflanzen."

"An deiner Stelle würde ich den Mund nicht so weit

aufreißen", wandte sich eine Lilie arrogant an das Gänseblümchen. "Du bist so unscheinbar, daß die Menschen auf dich drauftreten, wenn sie über die Wiese gehen. Das würden sie bei mir niemals tun."

"Du bist die letzte, die etwas zu sagen hat", rief die Butterblume der Lilie zu. "Wenn du keinen Züchter hättest, könntest du überhaupt nicht existieren!"

Der Streit unter den Blumen wollte kein Ende nehmen. Da plötzlich kam ein wunderschöner, strahlender blauer Vogel dahergeflogen. Staunend streckten die Blumen ihre Köpfe.

"Du, schöner Vogel", rief das Gänseblümchen vorlaut. "Kannst du uns sagen, welche Blume die wichtigste, schönste und wertvollste Blume unter allen Blumen ist?"

"Das kann ich leider nicht", antwortete der blaue Vogel. "Aber ich will zur Sonne fliegen und sie fragen. Die Sonne weiß das bestimmt."

"Ja, fliege zur Sonne und frage sie", riefen die Blumen wie aus einem Kelch.

Der blaue Vogel flog bis zur Sonne empor, um ihr von dem Streit der Blumen zu erzählen.

"Sag' mir, liebe Sonne, welche der Blumen ist für dich die wichtigste, schönste und wertvollste Blume unter allen?"

Die Sonne warf lächelnd ihre goldenen Strahlen auf die Erde und antwortete: "Ich spende mein Licht und meine Wärme so reichlich jeder einzelnen Blume, daß für mich alle Blumen gleich wichtig, schön und wertvoll sind. Denn ohne mich könnte keine von ihnen blühen."

Als der blaue Vogel mit dieser Botschaf auf die Erde zu den Blumen zurückflog und sie hörten, was die Sonne gesagt hatte, neigten sie beschämt ihre Köpfe und erkannten, wie dumm sie alle gewesen waren. Und von diesem Tag an herrschte nie wieder Streit unter den Blumen.

DAS IRRLICHT
UND DIE LIEBE

Es war einmal eine Glockenblumenelfe, die jeden Tag mit ihren Blumen den Morgen einläutete. Eines Tages ging sie, nachdem sie den Morgen eingeläutet hatte, auf der Weide spazieren. Da traf sie einen großen, bunten Schmetterling.

"Nimmst du mich ein Stück auf deinem Rücken mit?"

"Gerne", sagte der Schmetterling. "Komm, setz dich auf."

Und die Elfe setzte sich auf den Rücken des Schmetterlings und flog mit ihm über die Wiese. Da kamen sie an einen Weideplatz, auf dem ein Hirte seine Schafe weidete. Die Elfe flog mit dem Schmetterling ganz nahe an dem Hirten vorbei, der gerade in die Ferne blickte, und sah ihm ins Gesicht. Und weil sein Gesicht so schön und klar wie der Morgen war, verliebte sich die Elfe in ihn.

"Laß mich hier absitzen", sagte sie zu dem Schmetterling. "Hier möchte ich verweilen."

Und der Schmetterling ließ die Elfe absitzen und flog weiter.

Die Elfe setzte sich vor den Hirten und sah ihn unentwegt an. Aber weil Elfen unsichtbar sind, konnte sie der Hirte nicht sehen. Und je länger die Elfe ihn betrachtete, desto mehr verliebte sie sich in ihn.

"Ach", seufzte sie, "wäre ich nur ein Mensch, dann könnte sich meine Liebe erfüllen. Aber für eine Elfe bleibt diese Sehnsucht wohl ewig ungestillt."

Und sie erinnerte sich des Elfenkönigs, der alle Elfen davor gewarnt hatte, sich in einen Menschen zu verlieben. Eine solche Liebe, erklärte er, bleibt ewig ungestillt und leidvoll. Einzig und allein die Wunderblume könnte helfen. Denn wer die Wunderblume findet, der kann ein Mensch werden. Aber diese Wunderblume ist so schwer zu finden, daß es noch keine Elfe geschafft hat, sie zu pflücken. Das alles fiel der kleinen, verliebten Elfe jetzt ein. Und je mehr sie sich in den Hirten verliebte, umso mehr reifte in ihr der Entschluß, nach der Wunderblume zu suchen. Und so trennte sie sich schweren Herzens von dem schönen Bilde des Hirten und machte sich auf die Suche.

Sie wanderte lange über Wiesen, Wälder und Berge, bis sie zu einem Sumpf kam. Aus diesem Sumpf sprang ein Frosch.

"Was willst du hier, kleine Elfe?" fragte er. "Ich suche nach der Wunderblume, um ein Menschenkind zu werden. Denn ich habe mich in einen Hirten verliebt."

Der Frosch quakte bedenklich: "Es kann lange dauern, bis du die Wunderblume findest."

"Das macht nichts", rief die Elfe. "Ich will nach ihr suchen."

"Gut", sagte der Frosch, "wenn du die Wunderblume finden willst, mußt du dem Irrlicht dienen. Denn nur das Irrlicht weiß, wo die Wunderblume zu finden ist."

"Dann will ich dem Irrlicht so lange dienen, bis es mir den Ort verrät."

“Nun gut”, sprach der Frosch und gab der Elfe den Weg in den Sumpf frei. “Dann ziehe deines Weges.”

Und aus dem Sumpf tauchte das Irrlicht auf, und die Elfe ging darauf zu. Als sie das Irrlicht erreicht hatte, sprach sie: “Ich habe mich in einen Hirten verliebt und möchte die Wunderblume finden, damit ich ein Menschenweibchen werden kann und meine Liebe Erfüllung findet.“

“Wenn du das willst, mußt du mir dienen. Dann werde ich dir eines Tages den Ort der Wunderblume verraten.”

“Gut”, sagte die Elfe. “Ich will dir dienen, denn ich will ein Menschenweibchen werden.”

Und die Elfe trat in den Dienst des Irrlichts ein.

Indes aber wunderten sich die Elfen und Zwerge auf der Wiese, weil ihre Glockenblumenelfe verschwunden war. Wo sie nur sein kann, fragten sie sich. Und der kleine Elfer des Nußbaumes, der neben der Glockenblume stand, war besonders traurig, denn er hatte sein Elfenherz schon lange an sie verloren, hatte es aber nie gewagt, ihr dies zu gestehen. Nun aber, seit sie fort war, machte er sich bittere Vorwürfe deswegen und vermißte sie sehr. Einige Zeitlang suchten die Elfen und Zwerge nach der Glockenblumenelfe. Aber als sie sie nirgendwo fanden, gaben sie die Suche auf und vergaßen sie allmählich, bis auf den Elfer des Nußbaumes, der sie nicht vergessen konnte.

Die Glockenblumenelfe diente dem Irrlicht und dachte immerzu an ihren jungen, schönen Hirten. Eines Tages aber sprach das Irrlicht: “Nun hast du mir lange, lange Zeit gedient, und ich will dir den Ort der Wunderblume verraten.”

“Oh”, jubelte die Elfe. “Jetzt endlich komme ich mit meinem Hirten zusammen!”

Da holte das Irrlicht eine Kristallkugel aus dem Sumpf, putzte sie und sagte: "Ehe ich dir den Ort der Wunderblume verrate, will ich dir in dieser Kugel deinen herzallerliebsten Hirten zeigen. Wenn du ihn dann noch immer liebst, dann sollst du die Wunderblume finden und ein Mensch werden." Und sie hielt der kleinen Elfe die Kristallkugel vor die Nase. Freudig und neugierig sah diese hinein und erschrak. Was sie darin erblickte, war kein junger, schöner Hirte mehr, sondern ein uralter Mann mit langem Bart, der müde bei seinen Schafen hockte.

"Oh, nein", rief die Glockenblumenelfe erschrocken, "das ist doch nicht mein schöner, junger Hirte!"

"Doch", sprach das Irrlicht. "Du hast mir sechzig Jahre lang gedient und dein Hirte ist nun bald achtzig Jahre alt."

Da schlug die Elfe ihre Hände vor das Gesicht und weinte bitterlich, doch das Irrlicht versuchte, sie zu trösten. "Schau noch einmal in die Kugel", sagte es. "Dort findest du jemanden, der immer noch an dich denkt."

Und die Elfe sah in die Kristallkugel und erblickte darin den Elfer des Nußbaumes, der ihr aus der Kugel zuwinkte. Er war noch immer der Alte. Er hatte sich gar nicht verändert. Nur die kleine Sorgenfalte zwischen den Brauen war etwas tiefer geworden.

"Nun?" fragte das Irrlicht. "Willst du die Wunderblume pflücken, um ein Mensch zu werden und deinen Hirten zu bekommen, oder willst du lieber den Elfer des Nußbaumes, der dich schon seit langer Zeit liebt, aber es nie gewagt hatte, es dir zu gestehen?"

Da trocknete die Elfe ihre Tränen und sprach: "Ich glaube, es ist die Bestimmung der Elfen, einem Elfer zu gehören, keinem Menschen, der den Gesetzen von Zeit und Raum unterworfen ist."

In dem Moment verschwand das Irrlicht und ein Glühwürmchen flog mit einem silbernen Wagen herbei, um die Elfe zu ihrer Glockenblume nach Hause zu bringen.

Das war eine Freude, als die Glockenblumenelfe wieder auftauchte und ihre Glockenblume zu läuten begann! Sofort liefen alle Elfen und Zwerge zusammen, um sie zu begrüßen. Ganz besonders herzlich aber wurde sie von ihrem Nußbaumelfer begrüßt.

"Wo warst du denn so lange?" fragte er "Ich habe das Läuten deiner Glockenblume so sehr vermißt."

"Ach", seufzte die Elfe. "Ich habe einem Irrlicht gedient, und gar nicht gemerkt, wie sehr dabei die Zeit vergangen ist."

"Aber jetzt bist du wieder daheim", sagte der Nußbaumelfer. "Und jetzt will ich dir auch sagen, daß ich dich schon seit langer, langer Zeit sehr liebe. Hätte ich es dir früher gesagt, wärst du wohl gar nicht auf das Irrlicht zugelaufen."

Und so wurde für die Glockenblumenelfe und den Nußbaumelfer ein großes Fest gegeben, bei dem sie ausgelassen tanzten.

DAS MÄDCHEN
MIT DEM WEITBLICK

Es war einmal ein Einhorn, das in den geheimnisvollen Wäldern beheimatet war, in die sich die Menschen nicht hineinwagen, weil ihnen das Geheimnisvolle Angst macht. Das Einhorn lebte dort sehr glücklich mit den anderen Tieren des Waldes beisammen und kannte all die Geheimnisse des Waldes. Darum wurde das Eirhorn von allen sehr verehrt. Es war sehr froh, daß sich niemand in den Zauberwald wagte, denn es fand, daß die Menschen noch nicht reif waren, die Geheimnisse seines Reiches zu erfahren.

Das Einhorn, das ebenso weise wie sanft war, besaß ein goldenes Buch. In diesem goldenen Buch waren die Wege der Menschen und die Geheimnisse des Zauberwaldes aufgeschrieben. Niemand kannte den Inhalt des Buches, nur das Einhorn. Aber es wußte, daß es dieses Buch nur aufbewahrte für ein Menschenkind, dessen Mut und Liebeskraft so groß war, daß es sich dieses Buch verdiente und mit den Geheimnissen, die da drin standen, die Menschen von ihrer Kurzsichtigkeit heilen konnte.

In dem Land, in dem der Zauberwald stand, lebte ein Fürst, der so kurzsichtig war, daß er Land und Leute nur

verschwommen wahrnehmen konnte. Und alles, was er tat, war so kurzsichtig wie sein Blick. Doch seine Diener und sein Volk waren ebenso kurzsichtig. Sie hatten in ihrer Kurzsichtigkeit weder Wälder, noch Berge, noch Sonne, Mond und Sterne gesehen. Und wenn es hin und wieder im Lande Leute gab, die mehr sehen konnten als der kurzsichtige Fürst selbst und sein Volk, wurden sie des Landes verwiesen, hingerichtet oder als Verrückte eingesperrt.

Der Maßstab dessen, was das Volk sehen durfte, wurde an den Augen des Mannes gemessen, der die höchste Macht des Landes repräsentierte – an den Augen des Fürsten.

Eines Tages kam ein junges Mädchen in den Palast, das dem Fürsten dienen sollte. Doch dieses Mädchen hatte so scharfe Augen wie ein Falke, es konnte Sonne, Mond, Himmel, Sterne, Wälder und Berge sehen. Aber es wußte, daß es darüber nicht reden sollte. Als es jedoch sah, was der ganze Palast in seiner Kurzsichtigkeit alles falsch und verkehrt machte, packte sie das Entsetzen.

Es war an einem Sommertag, als sie den Fürsten schon von weitem im Garten stehen sah. Da bemerkte sie, wie sich ihm eine Giftschlange näherte, die er nicht sehen konnte, weil er dazu viel zu kurzsichtig war. Sie lief zu ihm und rief: "Seid vorsichtig, Herr! Es nähert sich euch eine Schlange!" Und sie wies in die Richtung, aus der die Schlange kam. Der Fürst sah dort hin und konnte keine Schlange sehen."

"Ich sehe nichts", sagte er unwirsch. Und er wollte in die Richtung gehen, aus der die Schlange auf ihn zukroch. Da warf sich die Dienerin, um ihn zu retten, in seine Arme und flehte ihn an, nicht weiterzugehen. Der Fürst jedoch, der die Gefahr nicht erkannte, schleuderte sie von sich und rief nach seinen Dienern und der Wache. "Nehmt dieses verrückte Frauenzimmer von mir fort!" schrie er. "Sie ist mir zu nahe getreten! Sie hat sich mir an den Hals geworfen!"

Die Wachen schleppten die Dienerin weg, und die Giftschlange hatte sich aus Schreck über den Tumult vom König abgewandt und verkrochen. So kam es, daß das Mädchen für ihre Hellsichtigkeit und dafür, daß sie dem Fürsten das Leben gerettet hatte, büßen und viel Leid und Schmach erdulden mußte. Eingeschlossen in einem Kerker, gedachte sie der Tage der Freiheit, doch weil sie viel weitsichtiger war als alle anderen in ihrem Lande, gelang ihr schon bald die Flucht. Niemand der Soldaten konnte sie einholen.

Mit einem Pferd, das herrenlos herumstand, ritt sie hinaus zu den Bergen, bis zu dem geheimnisvollen Zauberwald, in den sich noch kein Mensch hineingewagt hatte. "Hier bin ich sicher", dachte sie und ritt in den Wald hinein. Und weil ihr Weitblick so groß war, konnte sie die Tiere sehen, noch ehe sie diese selbst wahrgenommen hatten. Sie ernährte sich von Beeren und vertrieb sich die Zeit damit, daß sie Lieder in den Wald hinausschmetterte. Bald kannten sie alle Tiere des Waldes und trugen die Kunde von dem Menschenkind im Zauberwald zu dem Einhorn.

"Ein Menschenkind ist bei uns im Wald, das keine Spur von Angst zu haben scheint. Es singt uns Lieder und wir hören ihm gerne zu. Was es bei uns wohl will?"

Das Einhorn schlug sein goldenes Buch auf und las in ihm nach. Dann plötzlich wurde es ganz aufgeregt. "Ja", rief es. "Das ist sie! Bereitet ihr alle einen festlichen Empfang! Stellt euch auf in Reih und Glied und spaliert die Straße bis zu mir. Sagt ihr, daß das Einhorn sie erwartet."

Die Tiere taten, wie das Einhorn ihnen geheißen hatte.
Sie spalierten Sara, so hieß das Mädchen, die Straße und riefen ihr zu: "Das Einhorn erwartet dich!"

Und Sara war ganz erstaunt. Es kannte das Einhorn nur
aus seinen Träumen und konnte es gar nicht fassen, daß es
nun tatsächlich existierte. So schnell sie konnte, eilte sie den
Weg entlang. Und weil sie so scharfe Augen hatte, sah sie das
Einhorn schon von weitem auf einer Anhöhe, in strahlendes
Licht getaucht, stehen. Vor ihm aber erstrahlte auf einem
Stein ein goldenes Buch. Sara begann zu laufen. Das war
genau das Einhorn, das es aus seinen Träumen kannte! Und
es lief auf das Einhorn zu wie auf einen Freund, der in ihren
Träumen schon immer bei ihr war, und schlang glücklich ihre
Arme um den Hals des Einhorns. Und es weinte vor Freude.
Jedoch auch das Einhorn war überglücklich.

"Ich habe schon seit ewigen Zeiten auf dich gewartet",
seufzte es glückselig. "Und nun bist du gekommen und das
Wort des goldenen Buches hat sich somit erfüllt."

Und es legte Sara das goldene Buch ans Herz.

"Nimm es", sagte es, "und nimm mit ihm die großen
Geheimnisse auf, auf daß sie die Menschen aus ihrer Kurzsichtigkeit führen."

Sara nahm das Buch an sich. "Sag mir, mein liebes Einhorn, wie dies alles geschehen soll."

"In diesem Buch findest du genau beschrieben, wie man
Zauberbrillen herstellt. Das sind Brillen verschiedener Stärke.
Geh zum Fürsten zurück und biete ihm eine Brille an, mit
der er besser sehen würde. Nimm aber die Brille der schwächsten Stärke, denn seine Seele würde es nicht verkraften, all
das zu sehen, was man mit den starken Brillen alles sehen

kann. Wenn er sich mit der schwächsten Brille zurechtfinden kann, dann gib ihm eine Brille des nächsten Grades und fahre so fort, bis er allmählich deine Scharfsichtigkeit erreicht. Und in dem Maße, in dem er mit den Brillen weitsichtiger wird und seine Kurzsichtigkeit erkennt, in dem Maße wird er auch sein Unrecht erkennen, welches er mit seiner Kurzsichtigkeit begangen hat und wieder gutmachen muß. – All das wird aber auch dem Land und dem Volke widerfahren.”

Da schlang Sara, die das Einhorn so sehr liebte, wieder seine Arme um seinen Hals und rief aus: “Oh! Wenn ich dich nur mitnehmen könnte!”

“Das kannst du”, sagte das Einhorn, “halte mich fest umschlungen, du wirst gleich einschlafen. Und während du schläfst, werde ich in deiner Seele Einzug halten und somit immer bei, in dir und um dich sein.”

Und Sara hielt das Einhorn fest umschlungen und schlief ein. Da öffnete sich ihre Seele und das Einhorn zog in das weite und ewige Land seiner Herrin. Als Sara erwachte, war das Einhorn verschwunden, und sie hielt nur noch das goldene Buch an ihre Brust gepreßt. Aber sie fühlte, daß das Einhorn jetzt in ihrer Seele lebte, denn Weisheit, Liebe und Freude erfüllte ihr Herz. Ohne Schwierigkeiten stellte sie mit Hilfe des goldenen Buches die erste Brille her. Dann eilte sie zurück in ihr Land, zu ihrem Volk und meldete sich beim Fürsten an.

“Ich möchte dem Fürsten eine Brille verkaufen, mit der er weiter sehen kann”, sagte sie.

Der Fürst war zwar der Meinung, daß er genügend weit sehen könne, aber weil er doch neugierig war, ließ er Sara kommen.

“So”, sagte er, “zeig mir einmal deine Brille.”

Und sie reichte ihm die Brille des ersten Grades. Der Fürst setzte sie auf und stellte staunend fest, daß er plötzlich Dinge sehen und wahrnehmen konnte, die er zuvor nicht gesehen hatte.

“Gut”, sagte er. “An der Brille scheint etwas dran zu sein. Ich kaufe sie dir ab.”

“Diese erste Brille will ich euch zum Geschenk machen. Vorausgesetzt ......”

“Ja?” fragte der Fürst schnell.

“Seht”, sagte Sara. “Ich bin jene Dienerin, die ihr damals einsperren ließet, weil ich euch vor einer Giftschlange warnte, die ich sehen konnte, weil ich eine Brille ähnlich wie diese besaß und daher die Gefahr erkannte, die ihr nicht sehen konntet. Nun verlange ich für diese Brille von euch, daß ihr allen, denen ihr kundgetan habt, ich wäre euch zu nahe getreten, jetzt die Wahrheit sagt und in aller Öffentlichkeit zugebt, daß ihr kurzsichtig gewesen seid, ich aber den Weitblick damals schon besaß, von dem ich euch einen Bruchteil mit dieser Brille vermitteln kann.”

Da trat der Fürst nahe an sie heran. “Wer bist du, geheimnisvolles Mädchen?” Sara lächelte. “Dieses Geheimnis wird niemand ergründen.”

Der Fürst versprach, daß er tun werde, was Sara wünschte, und das Mädchen verabschiedete sich vom Fürsten und verließ das Schloß. Der Fürst hielt sein Wort. Er verkündete im ganzen Land, daß ein Mädchen eine Brille erfunden hätte, mit der man weiter sehen konnte, und daß er es einst zu Unrecht in den Kerker geworfen hatte. Da wollten die Minister und das ganze Volk eine solche Brille haben.

und der Hilfe Saras ließ der Fürst überall Brillen dieser Art anfertigen und verteilte sie an das ganze Volk.

Sara ließ eine Zeitlang vergehen, bis sie sicher war, daß der Fürst mit der Brille der untersten Grade gut umzugehen vermochte. Dann stellte sie im Walde mit Hilfe ihres goldenen Buches eine zweite Brille her, mit der man noch weiter blicken konnte, und suchte an einem schönen Sommertag den Fürsten in seinem Schloß auf.

"Ich bringe euch heute eine Brille, mit der ihr noch weiter sehen könnt als mit der ersten."

Diesmal war der Fürst sofort begeistert. Er griff mit allerhöchstem Interesse nach der Brille und setzte sie sich auf die Nase. Zunächst kannte sein Entzücken keine Grenzen. Doch als er zurückblickte auf seine Kurzsichtigkeit und was er dabei alles angerichtet hatte, packte ihn das nackte Entsetzen. Tränen traten in seine Augen. Tränen der Scham, der Reue, der Bitterkeit. Angst und Entsetzen ergriffen ihn. "Was hab' ich in meiner Kurzsichtigkeit nur alles getan", stammelte er fassungslos. Da empfand Sara Mitleid für ihn. Sie legte ihre Hand auf sein weißes Haar und sprach:

"Herr, ihr seid kurzsichtig gewesen. Ihr müßt jetzt lernen, diese Kurzsichtigkeit und die Fehler, die ihr aus Kurzsichtigkeit begangen habt, euch selbst zu verzeihen. Und wenn ihr euch selbst verziehen habt, dann werdet ihr viel Freude an dem größeren Weitblick bekommen. Denn mit ihm könnt ihr altes Unrecht wieder gutmachen."

Und als der Fürst über all' das weinte, was er jetzt sehen konnte, tröstete ihn Sara wie eine Mutter, die ihr Kind sich selbst verzeihen lehrte. Nachdem der Fürst sich etwas beruhigt hatte, verließ sie ihn. Nun aber hatte der Fürst alle Hände voll zu tun, seinem Volk und seinen Ministern stärkere Brillen anfertigen zu lassen, damit sie ihm helfen konnten, all' das gutzumachen, was sie in ihrer früheren Kurzsichtigkeit angerichtet hatten.

Und mit jeder Brille, die Sara dem Fürsten brachte, begann er, sie besser zu sehen und mehr zu lieben, denn er konnte nun immer mehr für seine Untertanen tun und alte Fehler und Mißstände beseitigen. Sara aber konnte ihm nur verzeihen, seine zunehmende Liebe für sie blieb unerfüllt. Denn eines Tages geleitete sie das Einhorn zu dem Mann, der ihren Weitblick besaß, dem sie ihr ganzes Herz und ihre ganze Liebe schenken konnte und der ihr im goldenen Buche des Einhorns vorbestimmt war. Mit ihm lebte und wirkte sie glücklich bis an das Ende ihres Weltendaseins. Dann kehrten sie gemeinsam heim in jenes weite Land der Seelen, in denen das Einhorn sie freudig erwartete.

DIE FEE
UND DER WASSERMANN

Der Mond schwimmt leis’ im Silbersee,
das Wasser steht ganz still,
im Boot sitzt eine kleine Fee,
die nicht mehr tanzen will.
Sie floh aus einem bunten Reigen
des frohen Feenvolkes fort,
verstummt sind Harfen, Flöt’ und Geigen,
der See, er ist ein stiller Ort.

Die Fee, sie rudert weit hinaus,
sucht mit dem Blick den Wassermann,
weiß nicht mehr ein, weiß nicht mehr aus,
glaubt, daß sie nie mehr lachen kann.

Der Wassermann sitzt im Gestein
weit draußen auf dem See,
und sieht das Boot der Fee.

Er winkt ihr zu und fragt sie dann
“Was hast du, kleine Fee?
Du kommst zum alten Wassermann
gar traurig wie ich seh’.”

Die Fee, sie senkt den Blick und spricht:
"Warum bin ich so wie ich bin
und mag mich dabei selber nicht?
Worin liegt meines Daseins Sinn?
Ich tanze Nacht für Nacht im Reigen,
doch sag' mir, Freund, wozu? Warum?
Ich find' das Spiel der Flöt' und Geigen
so sinnlos oft und mich so dumm!"

"Der Sinn", so spricht der Wassermann,
"liegt ganz allein in der Natur.
Die Fee tut, was sie bestens kann,
und sei es tanzen nur.
Und wenn dir das zu wenig ist,
so hat der Hochmut dich bewegt,
zu fliehen dem, was du doch bist,
und seine Schlingen ausgelegt!
Man kann nicht sein ein Wassermann,
ein Baum, ein Strauch, ein Reh;
so nimm dich wie du bist doch an,
erkenn' den Wert der Fee!"

"Du findest, daß ich wichtig bin,
als kleine Fee im großen Reigen?
Daß Tanz allein mein Daseinssinn,
zum Spiel der tausend Geigen?
Ist nicht viel wichtiger ein Zwerg,
der mit viel Müh' und Schweiß
hart arbeitet im tiefen Berg
und nichts vom Glück der Feen weiß?"

Der Wassermann hält sich den Bauch
und lacht: "Oh, weh,
ich kann dich nicht verstehn!
Willst tun, was nur die Zwerge glücklich macht,
und dabei selbst zugrunde gehn?
Soll für dich tanzen denn ein Zwerg,
dem wesensfremd der Feen Reigen,
und willst für ihn du in den Berg
und allen, was du nicht kannst, zeigen?"

"Du findest, daß ich wichtig bin,
als kleine Fee im großen Reigen?
Daß Tanz allein mein Daseinssinn,
zum Spiel der tausend Geigen?"
Die Fee fängt leis' zu lächeln an:
"Dann darf ich also fröhlich sein,
mein lieber, guter Wassermann;
auch wenn ich nur im Tanz daheim?
Dann brauch' ich mich nicht mehr zu schämen,
wenn mich der Tanz so glücklich macht,
brauch' mich nicht mehr nach Leid zu sehnen,
weil andern andres Glück doch lacht!"
"So ist es", spricht der Wassermann,
"eil' schnell zurück jetzt zu den Deinen;
ein jeder tue, was er bestens kann,
und dabei braucht man nicht zu weinen."
An's Ufer rudert rasch die Fee,
eilt schnell zurück zu ihrem Reigen,
dort tanzt sie seither ohne Weh
mit Anmut zu dem Spiel der Geigen.

Ein Nachwort für die Eltern

Warum Kinder Märchen brauchen

So unterhaltsam Märchen auch sein mögen, sie dienen nicht nur der Unterhaltung. Sie helfen dem Kind – und übrigens nicht nur einem Kind – den Alltag mit seinen Problemen besser zu bewältigen. Es ist ein großer Irrtum zu meinen, Märchen würden es "realitätsfremd" machen. Genau das Gegenteil ist der Fall. Märchen ermöglichen dem Kind eine ganzheitliche Entwicklung seiner Persönlichkeit und erziehen zu positivem Denken. Mit Hilfe von Märchen wird es mit den Mechanismen seiner Kreativitätsquelle konfrontiert. Es sind jene Mechanismen, die die nächtlichen Träume gestalten.

Es ist wissenschaftlich erwiesen, daß jeder Mensch während des Schlafes Träume produziert, auch wenn er sich am Morgen nicht mehr daran erinnert. Versuche haben gezeigt, daß ein Mensch, der drei oder vier Tage am Träumen gehindert wird, sein Realitätsbewußtsein verlieren und Symptome entwickeln würde, wie sie ein Geisteskranker zeigt. Er wäre nicht mehr in der Lage, klar zu denken, und es würden sich allmählich Halluzinationen einstellen. Das heißt aber, daß unser Realitätsbewußtsein abhängig von unserer nächtlichen "Traumproduktion" ist. Und es spielt dabei keine Rolle, wie sich die Träume dann in ihrem Inhalt gestalten.

Märchen sind in gewissem Sinne zusätzliche Träume zur Alltagsbewältigung und zur Entwicklung des Kindes. Bei der Gestaltung von Märchen zeigt sich ein ähnlicher Mechanismus, wie wir ihn bei der Gestaltung von nächtlichen Träumen finden. Die Gesetze der Gleichnissprache werden wirksam.

Bewußtseinsinhalte werden mit Hilfe einer Traum- bzw. Phantasiegeschichte, eines *Gleichnisses* angesprochen und verarbeitet. Das Kind findet in einer solchen Geschichte – einem Märchen – vieles von seinen eigenen Bewußtseinsinhalten, seinen Ängsten und Wünschen, seinen Konflikten und Sehnsüchten wieder und erlebt in einem Märchen, wie Ängste besiegt und Konflikte einer Lösung zugeführt werden. Das ist bei nächtlichen Träumen häufig nicht der Fall. Träume zeigen das Psychodrama eines Kindes vielfach nur mit seinen Konflikten, aber nicht mit möglichen Lösungen auf. Das mag manch' ein Kind so verängstigen, daß es am Abend nicht einschlafen mag oder kann. Das Märchen aber bietet zu den Konflikten auch eine Lösung an und zeigt Wege, wie Probleme bewältigt werden können.

Ein Märchen vor dem Einschlafen

Wer sich von Ihnen an den einen oder anderen Traum erinnert, den er in der Kindheit gehabt hat, der weiß, daß Kinderträume keineswegs immer angenehm sind. All die Mißgeschicke, die einem Kind in der Realität passieren, müssen im Traum auf seine Weise bearbeitet werden. Die zerbrochene Kaffeetasse, die schlechten Schulnoten, Enttäuschungen mit Freunden und Mißverständnisse mit Erwachsenen, all solche Probleme, all die Unzulänglichkeiten, mit denen sich das Kind in der Realität erfährt, haben Einfluß auf das nächtliche Traumgeschehen und finden darin oft eine sehr dramatische Fortsetzung in einer Bildgeschichte. Hören Sie aufmerksam zu, wenn sich Ihr Kind an den einen oder anderen Traum erinnert und Ihnen Träume erzählt. Ermutigen Sie es, sich seine Träume zu merken, und erzählen Sie auch den einen oder anderen Traum aus Ihrer Traumerfahrung. So erziehen Sie es auch zu mehr Wachsamkeit gegenüber seiner Innenwelt, die ja einen Teil unserer Persönlichkeit ausmacht und vom ganzheitlichen Menschen genauso wahrgenommen werden sollte wie das Geschehen in der äußeren Welt. Wenn Kinder dazu erzogen werden und das elterliche Vorbild mit gutem Beispiel vor Augen haben, werden sie sich Träume in der Regel leicht merken.

Märchen vor dem Einschlafen können wahre Wunder wirken. Wichtig ist natürlich, daß diese Märchen von den Eltern vorgelesen oder erzählt werden, weil die Stimme der Mutter oder des Vaters dem Kind eine gewisse Geborgenheit vermittelt. Die vertraute Stimme als Instrument des Erzählers kann man mit einem Schiff vergleichen, in dem das Kind geborgen auf den Wellen des Meeres, dem Unterbewußtsein mit seinem unerschöpflichen Märchenreichtum, schaukelt. Das Kind nimmt das Märchen mit in den Schlaf, in seinen Traum, und die Erkenntnisse, die seine Seele aus dem Märchen geschöpft hat, helfen ihm, seinen Träumen unerschrockener zu begegnen und sie positiver zu gestalten. Versuche haben gezeigt, daß Kinder leichter einschlafen und besser durchschlafen, wenn man ihnen vor dem Einschlafen

Märchen erzählt oder vorliest. Ganz besonders bewähren sich Märchen, wenn ein Kind erkrankt ist oder in Krisensituationen, bei Ortswechsel oder Partnerschaftsproblemen. Einem kranken Kind Märchen vorzulesen oder zu erzählen, das ist so viel wie "Medizin für die Seele", die den Genesungsprozess unterstützt.

AUS DEN LIEBLINGSMÄRCHEN DIE SEELE
SEINES KINDES BESSER VERSTEHEN LERNEN

Mütter machen häufig die Erfahrung, daß Kinder ein bestimmtes Märchen immer wieder hören wollen, obwohl sie diese Geschiche beinahe schon auswendig können. Haben Sie schon einmal darüber nachgedacht, woher das kommen könnte? Wenden wir uns noch einmal dem Traum zu. So wie der Traum unter anderem eine Verarbeitungsfunktion für die in der Realität gemachten Erfahrungen hat, so hat auch das Märchen eine Verarbeitungsfunktion. Bei bestimmten, spezifischen Belastungen zeigen sich auch im Traumgeschehen häufig Wiederholungsträume, wie z.B. verschiedene Motive von Opfer/Täterträumen, wie ich sie in meinem Buch *Verschlafet eure Träume nicht* beschrieben habe. Erst wenn sich bestimmte Probleme in der Realität oder auch innerhalb der Psyche gelöst haben, verändern sich die Traummotive. Ähnlich verhält es sich auch, wenn ein Kind immer wieder das gleiche Märchen hören will. In diesem Märchen wird etwas behandelt, was seinem momentanen Psychodrama entspricht, ein ganz bestimmter Konflikt, eine Eigenschaft etc. – und der Konflikt wird einer Lösung zugeführt. Das erweckt

134

in dem Kind ein Gefühl des Wohlbehagens. Es freut sich, es klatscht über diese Lösung in die Hände! Daher möchte ich Ihnen raten, auf die Lieblingsmärchen Ihres Kindes ganz besonders zu achten. Durch solche Märchen erfahren Sie sehr viel über Ihr Kind.

Ich will Ihnen abschließend ein paar gute Tips geben, unter welchen Gesichtspunkten Sie die Lieblingsmärchen Ihrer Kinder "unter die Lupe" nehmen können. Als Beispiel wähle ich hier das Grimm-Märchen "Schneewittchen", das Sie alle kennen. Schauen wir uns das Schneewittchen einmal genauer an.

1. Achten Sie auf die *Eigenschaften* der *Hauptfigur.*
Bei Schneewittchen waren diese Eigenschaften: Naivität, Vertrauen, Gutgläubigkeit, Leichtsinnigkeit. Haben Sie die Eigenschaften der Hauptfigur notiert, dann machen Sie den nächsten Schritt.

2. Achten Sie auf die *Eigenschaften* des *Gegenspielers.*
In dem Mächen "Schneewittchen" war der Gegenspieler die "böse Stiefmutter". Ihre Eigenschaften waren z.B. Eitelkeit, Neid, Bosheit, Gehässigkeit.

3. Achten Sie auf die *Eigenschaften der Nebenfiguren.*
Die Nebenfiguren bei "Schneewittchen" waren der Jäger, die sieben Zwerge und der Prinz.

4. *Achten Sie auf die Konfliktsituationen.*
Wie viele Konfliktsituationen gibt es, und wodurch sind sie entstanden? In unserem Märchen finden wir drei Haupt-

konfliktsituationen. Die ersten beiden entstanden ohne Mitverschulden des Schneewittchen, als a) seine richtige Mutter starb und b) die böse Stiefmutter aus Neid und Eifersucht das Schneewittchen in den Wald schickte, damit es der Jäger töte. Die dritte große Konfliktsituation für Schneewittchen entstand bei den sieben Zwergen, als sie in sträflicher Gutgläubigkeit nach wiederholten Warnungen der Zwerge den Apfel der bösen Stiefmutter nahm.

Daraus ersehen Sie, Hauptfiguren können unverschuldet und mitverschuldet in Konflikte und Gefahren geraten.

5. *Betrachten Sie die Lösung der Geschichte.*
Es gibt verschiedene Möglichkeiten, wie es zu einer Lösung kommen kann. Kommt es zur Lösung mit oder ohne Hilfe der Hauptfigur? Bei Schneewittchen zeigt sich eine passive Lösung. Es wird durch den Prinzen ohne sein Zutun gerettet. Sehr häufig zeigt sich aber auch, daß eine Hauptfigur sich die Lösung eines Konfliktes selbst erarbeitet oder erkämpft, z.B. durch besondere Eigenschaften oder Kenntnisse, etwa Mut, Klugheit, eine bestimmte Fähigkeit.

Wenn Sie die Lösung herausgearbeitet haben, achten Sie darauf, was mit dem Gegenspieler, dem "Bösewicht" in dem Märchen passiert. Wird mit ihm, wie es bei den alten Volksmärchen und auch bei Schneewittchen der Fall ist, strafend umgegangen – wie etwa die böse Stiefmutter so lange in glühenden Schuhen tanzen lassen, bis sie tot umfällt? Oder sind statt Bestrafungsmotiven Wandlungsmotive zu finden, wie z.B. in meinem Märchen "Mutter Löwin", wo der Gegenspieler aufgrund einer Erfahrung zu einer Erkenntnis gelangt und eine innere Wandlung, eine Persönlichkeitsveränderung erfährt.

Wenn Sie mit dieser Methode die Lieblingsmärchen Ihrer Kinder betrachten, werden Sie mit etwas Übung in der Seele Ihres Kindes bald wie in einem Märchenbuch lesen können und mit ein wenig Aufmerksamkeit auch erkennen können, aufgrund welcher Erfahrungen in der Realität es sich zu diesem speziellen Märchen hingezogen fühlt. Und so werden Sie ihm mit mehr Verständnis nicht nur eine bessere Entwicklung ermöglichen, sondern aus dieser "Märchenerfahrung mit Ihrem Kind" auch für sich selbst sehr viel an eigenen Erkentnissen gewinnen können.

Wie man aus Märchen handfeste Bausteine fürs Leben zaubern kann

Dieses Märchenbuch soll nicht nur den Kindern hierzulande Freude bringen! Mit dem Kauf dieses Buches haben Sie Kranke, darunter viele Kinder, der "Shanti-Leprahilfe" Dortmund e.V. in Nepal zu einem Mahl mit Reis, Linsen und Gemüse eingeladen und für ein paar Medikamente gesorgt. Und Sie haben darüber hinaus noch zu einem Baustein für Krankenstation und Rehabilitationswerkstätten beigetragen. Denn diese Märchen sind eine Spende der Autorin an die Shanti-Leprahilfe. Daher fließen 10% des Buchpreises von *Wenn die Seele Märchen erzählt* dieser Hilfsorganisation zum Aufbau eines "Gesunden Lepradorfes" und zum "Stop der Lepra" zu. Darum sei hier von der Autorin ein garantiert wahres Märchen – ein Kinderschicksal aus Shanti Sewa – für große und kleine Märchenliebhaber erzählt.

Anju

Es war einmal ein kleines Mädchen, das war das jüngste von sechs Kindern einer armen Bauernfamilie im Süden Nepals. Es hieß Anju und war von Geburt an eine große Enttäuschung für die Eltern, weil es ein Mädchen und kein Junge geworden war. Die Familie hatte in ihrem Dorf so wenig zu essen, daß sie ihre Kinder nicht satt bekam, und die hungrige Anju war eine Esserin zuviel.

Als Anju fünf Jahre alt war, kam ein Onkel auf die Idee, sie nach Kathmandu zu ihrer Tante Ganga zu schicken. Sie wohnte in einem Lepraheim in Shanti Sewa Griha, unmittelbar am Bagmati Fluß, und war schwer behindert; die Krankheit hatte ihr Fingerglieder und ein paar Zehen zerfressen. Anju sollte ihr und dem erwarteten Baby mit ihren gesunden Händen ein wenig helfen.

So kam es, daß Anju in einen klapprigen Bus geschoben wurde und mit ihrem Onkel viele, viele Stunden lang durch die Tiefebene im Süden rumpelte. Alles, was sie besaß, waren die Kleider, die sie am Leibe trug. Der Bus schaukelte über die Schlaglöcher oft so heftig, daß die dicht zusammengepferchten Menschen mit ihren Hühnerkörben auf den Knien, den Pappkisten und meckernden Ziegen laut aufschrieen. Anju fürchtete sich sehr, aber am meisten fürchtete sie sich, als sich der Bus den Paß hochwand. Bis auf fast

zweitausend Meter fuhren sie in Kurven die Berge hoch, bis
es in großem Bogen um die Bergkette von Kathmandu-Tal
ging. Endlich, endlich erreichten sie Kathmandu, die Haupt-
stadt von Nepal.

Die kranke Tante Ganga und ihr kranker Mann, Onkel
Krisuri, nahmen Anju im Heim für Leprakranke liebevoll
auf, denn die so schwer behinderte Tante Ganga hatte schon
vier Babies zur Welt gebracht, die aber alle nach der Geburt
gestorben waren. Nun brachte sie einen Jungen auf die Welt
und zeigte Anju, wie sie das Baby halten und das Köpfchen
vorsichtig abstützen mußte. Aber Anju war mit ihren fünf
Jahren zu klein, um für das Baby viel tun zu können, und
Tante Ganga mußte sich um andere Hilfe umsehen. Trotzdem durfte Anju bleiben, bekam zu essen und etwas anzu-
ziehen.

Auf Shanti Sewa gab es viele kranke Menschen wie Tante
Ganga und Onkel Krisuri. Sie alle gingen trotz ihres Leidens
liebevoll und sanft mit Anju um. Es waren auch Kinder zum
Spielen da. Anju fand einen richtigen Freund. Es war ein
Junge namens Natu, dessen kranke Mutter gestorben war.
Mit ihm ging Anju oft zu Lama-Gi, dem Hausvater von
Shanti Sewa, der so lustig pfeiffen und spannende Geschich-
ten erzählen konnte.

Von nun an brauchte Anju nicht mehr zu hungern. Sie
bekam nun jeden Morgen und jeden Abend einen Teller mit
Reis, scharf gewürzten Linsen und etwas Gemüse. Sie besaß
kein Spielzeug, aber sie spielte gern draußen im Freien oder
schaute den Frauen zu, wenn diese Stofftiere ausstopften,
denn die behinderten Bewohner von Shanti machen Baby-
spielzeug, das dann zum Verkauf nach Deutschland geschickt

wird. Eines Tages meldete der fröhliche Hausvater Lama-Gi Anju in der Schule an, damit sie lesen und schreiben lernt, und sorgte dafür, daß sie eine richtige Schuluniform bekam. Aber das Märchen für das arme, kleine Bauernmädchen aus dem Süden Nepals ist noch nicht zu Ende. Tante Ganga und Onkel Krisuri überlegen, ob sie für Anju nicht liebe Adoptiveltern in Deutschland suchen sollen. Und vielleicht wird

Anju noch einmal eine ganz große Reise tun, in einem Flugzeug, und kommt zu uns. Da wird sie aber staunen, wenn sie sieht, wie gut es Kinder hier haben! Wenn ihr also einem Mädchen begegnet, das rehbraune Augen, schwarze Haare und eine etwas dunklere Hautfarbe hat, dann schenkt ihm ein kleines Lächeln, es könnte Anju sein, die sich darüber freut ...

Information über Shanti Leprahilfe Dortmund e.V.:
Olpketalerstr. 63 D-44229 Dortmund 50 •Tel.: 0231/ 73 69 14

ÜBER DIE AUTORIN

Sonja von Eisenstein wurde am letzten Tag des Tierkreiszeichens "Fische" geboren. Ihre berufliche Laufbahn begann neunjährig als Kindersprecherin im Rundfunk und elfjährig als Kinderschauspielerin an der Wiener Scala. Neben ihrer Berufsausbildung zur zahnärztlichen Assistentin nahm sie Gesang- und Sprechunterricht, gewann achtzehnjährig das Österreichische Schlagerfestival, trat bei Veranstaltungen und in Night-Clubs auf und zog sich 21jährig nach einem Vertrag als Chansonsängerin am staatlichen Theater von Patras/Griechenland von ihrer Band *Korfuboys* und der Bühne zurück, um sich mit Esoterik, Psychologie und dem Schreiben zu beschäftigen.

1969 begann sie mit ihrer privaten Traumforschung und entwickelte neben ihrer journalistischen und schriftstellerischen Tätigkeit aus ihrer Traumarbeit ihr Talent zum Liedertexten und Komponieren und ihre Methode zum "Schreiben aus dem Unterbewußtsein".

Heute ist Sonja von Eisenstein als Seminarreferentin ihrer Seminare, aber auch als Unterhaltungskünstlerin mit eigenen Chansons, Gitarre und frei erzählten Märchen wie auch als Schriftstellerin, Journalistin und fachausgebildete Werbetexterin in mehreren ihrer Neigungsberufe tätig. Sie ist Autorin der Bücher "Psychosophie, die Lehre von der Weisheit der Seele: Schreiben aus dem Unterbewußtsein" (Eigenverlag) und "Verschlafet eure Träume nicht" (Hermann Bauer-Verlag).

... kennt Ihr schon die anderen
Kinderbücher vom **ch. falk-verlag**?
... dann blättert mal um ...

Dein Engel und du	(ab 4 J.)	11,—
Sei nicht traurig, kleiner Bär	(ab 4 J.)	16,50
Mira und der Kreidestrich	(ab 6 J.)	13,50
Wellen der Liebe	(ab 6 J.)	13,50
Emirs Erziehung im rechten Gebrauch der magischen Kräfte	(ab 9 J.)	12,30
Das Buch vom wahren Zaubern	(ab 6 J.)	10,50
Jacomo baut ein Medizinrad	(ab 6 J.)	13,70
Das Geheimnis des friedlichen Kriegers	(ab 8 J.)	16,50
Der Weg zum Löwenthron – die Kindheit des 14. Dalai Lama	(ab 8 J.)	14,50

mit den Kassetten

MC Die Lieder der Feen (zum Buch vom wahren Zaubern)	(ab 6 J.)	13,80
MC Guten Morgen/ Gute Nacht Lieder zu Aufwachen und Einschlafen für Kinder	(ab 4 J.)	11,—
MC Die Elfen und das Christkind Weihnachtsgeschichte/ Hörspiel	(ab 5 J.)	13,80

ch. falk-verlag

83370 seeon • ischl 11